时代印记

王志艳◎编著

寻找

居里夫人

延边大学出版社

图书在版编目（CIP）数据

寻找居里夫人 / 王志艳编著 . —延吉 : 延边大学
出版社，2013.8(2020.7 重印)
ISBN 978-7-5634-5893-6

Ⅰ . ①寻… Ⅱ . ①王… Ⅲ . ①居里夫人，
M.（1867 ～ 1934）—传记—青年读物②居里夫人，
M.（1867 ～ 1934）—传记—少年读物 Ⅳ .
① K835.656.13-49

中国版本图书馆 CIP 数据核字 (2013) 第 210019 号

寻找居里夫人

编著：王志艳
责任编辑：孙淑芹
封面设计：映像视觉
出版发行：延边大学出版社
社址：吉林省延吉市公园路 977 号 邮编：133002
电话：0433-2732435 传真：0433-2732434
网址：http://www.ydcbs.com
印刷：唐山新苑印务有限公司
开本：690×960 1/16
印张：11 印张
字数：100 千字
版次：2013 年 8 月第 1 版
印次：2020 年 7 月第 3 次印刷
书号：ISBN 978-7-5634-5893-6
定价：29.80 元

前言

　　历史发展的每一个时代，都会有对后世产生巨大影响的人物，都会有推动我们前进的力量。这些曾经创造历史、影响时代的英雄，或以其深邃的思想推动了世界文明的进步，或以其叱咤风云的政治生涯影响了历史的进程，或以其在自然科学领域中的巨大成就为人类造福……

　　总之，他们在每个时代都留下了深深的印记，烙上了特定的记号。因为他们，历史的车轮才会不断前进；因为他们，每个时代的内容才会更加精彩。他们，已经成为历史长河的风向标，成为一个时代的闪光点，引领着我们后人走向更加深邃的精神世界和更加精彩的物质世界。

　　今天，当我们站在一个新的纪元回眸过去的时候，我们不能不提起他们的名字，因为是他们改变了我们的世界，改变了人类历史的发展格局。了解他们的生平、经历、思想、智慧，以及他们的人格魅力，也必然会对我们的人生产生深刻的影响。

　　为了能了解并铭记这些为人类历史发展做出过巨大贡献的人物，经过长时间的遴选，我们精选出一些最具影响力、最能代表时代发展与进步的人物，编成这套《时代印记》系列丛书，其宗旨是：期望通过这套青少年乐于、易于接受的传记形式的丛书，对青少年读者的成长产生潜移默化的影响，使他们能够从中吸取到有益的精神元素，立志奋进，为祖国、为人类作出自己的贡献。

前言

　　本套丛书写作角度新颖，它不是简单地堆砌有关名人的材料，而是精选了他们一生当中最富有代表性的事迹与思想贡献，以点带面，折射出他们充满传奇的人生经历和各具特点的鲜明个性，从而帮助我们更加透彻地了解每一位人物的人生经历及当时的历史背景，丰富我们的生活阅历与知识。

　　通过阅读这套丛书，我们可以结识到许多伟大的人物。与这些伟人"交往"，也会进一步提高我们的思想品格与道德修养，并以这些伟人的典范品行来衡量自己的行为，激励自己不断去追求更加理想的目标。

　　此外，书中还穿插了许多与这些著名人物相关的小知识、小故事等。这些内容语言简练，趣味性强，既能活跃版面，又能开阔青少年的阅读视野，同时还可作为青少年读者学习中的课外积累和写作素材。

　　我们相信，阅读本套丛书后，青少年朋友们一定可以更加真切、透彻地了解这些伟大人物在每个时代所留下的深刻印记，并从中汲取丰富的人生经验，立志成才。

导 言

Introduction

　　玛丽·斯特罗多夫斯卡·居里（1867—1934年），波兰物理学家，世界著名科学家，曾发现过镭和钋两种天然放射性元素，一生两度获得诺贝尔奖（第一次获得诺贝尔物理奖，第二次获得诺贝尔化学奖），也是第一位获得诺贝尔奖的女性。她所发现的镭，对人类可谓是一个伟大的贡献，促使世界物理学和化学迈上了新的征程。

　　玛丽·居里出生在沙皇俄国侵略统治下的波兰首都华沙，她的父母都是教师，父亲对物理学充满热爱，这也对玛丽产生了深刻的影响。

　　在少女时代，玛丽就显露出过人的智慧和坚强的个性，为了补贴家用和供姐姐留学在乡下当过多年家庭教师。艰苦的生活，也培养了她独立的个性和坚韧的性格。

　　在进入巴黎索尔本大学后，她克服了生活中的种种困难，通过刻苦勤奋的学习取得了优异的成绩，并与皮埃尔·居里先生结婚。婚后，居里夫妇在极其艰难的条件下，通过不懈的科学研究，最终发现了钋和镭。

　　在居里先生不幸去世后，玛丽没有因为悲伤而放弃研究，而是更加勤奋地投身于镭的研究，为科学界做出了巨大的贡献。

　　居里夫人的大半生都是清贫的，但她却拒绝为他们的任何发现申请专利，目的就是为了让全人类都能自由地利用他们的发现。居里夫人这种充满爱心的伟大行为，更令后人对她称颂不已。

　　在世界科学史上，玛丽·居里是一个永垂不朽的名字。这位伟大的科学家，用她的天赋和勤奋，在物理学和化学领域都做出了杰出的贡献。100多年

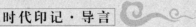

来，称颂她的文章、书籍从未间断过，可见她所建立的勋业和她所具备的品质已深深地留在后人的心中，成为科学家和广大青少年学习的榜样。

1934年7月4日，玛丽·居里因长期积蓄在体内的放射性物质所造成的恶性贫血而憾然离世。虽然她的生命不存在了，可她为人类所做的贡献以及她崇高的品格，却永远铭记在人们的心中。

本书从居里夫人的儿时生活写起，一直写到她所取得的巨大成就以及为人类做出的卓越贡献，再现了居里夫人坚毅、勇敢、热忱的品质和为科学事业而奋斗的一生，旨在让广大青少年朋友能够真切地了解这位伟大科学家坎坷的人生历程，铭记她为科学事业所做出的巨大贡献。

目 录
contents

时代印记 目录

目 录

第一章 苦难的童年

人要有毅力，否则将一事无成。

——居里夫人

（一）

在欧洲的中部，介于俄罗斯和德意志之间，有一片很大的平原，维斯杜拉河蜿蜒地流经这里，这里也成为一片极其肥沃的农业区域。在这片平原上，有一个名叫波兰的国家。

1867年的11月7日，在波兰首都华沙城的一个教师家中，物理教师乌拉迪斯拉夫·斯特罗多夫斯卡先生的第四个女儿出生了。

斯特罗多夫斯卡给这个可爱的小婴儿取名为玛丽，家里人都喜欢称她为玛莉亚。她就是日后享誉世界的著名科学家玛丽·斯特罗多夫斯卡·居里。

在玛丽出生之前，斯特罗多夫斯卡先生家中已经有了4个孩子，大女儿罗莎，二女儿布罗尼娅，三女儿希拉，还有一个儿子名叫约瑟夫。现在又多了一个女儿玛丽，这对于斯特罗多夫斯卡这样一个教师家庭来说，仅靠夫妻二人做教师赚的薪金来养活全家7口人，的确是很不轻松。

因此，家里又多了一张吃饭的嘴，对于夫妇二人来说并不是一件令人高兴的事。不过，这个刚出生的小家伙却非常漂亮，一双可爱的大眼睛似乎一落地就对陌生的世界充满了无限的好奇。她的虽然身体瘦弱一些，但很健康。这也让年轻的父母感到有些欣慰。

但是，斯特罗多夫斯卡夫妇可能做梦也不曾想到，他们的这个最小的女儿玛丽日后竟然能够在承受了巨大的痛苦之后走向辉煌的人生，并为世界科学史的发展做出了永恒的贡献。

（二）

斯特罗多夫斯卡家族原本是世代居住在华沙北方100千米处的斯克洛第的地方贵族，后来因为亡国的厄运，家道才渐趋衰弱。家中本来拥有田地百亩，也因为战乱频繁而全部丧失了。

好在斯特罗多夫斯卡是毕业于圣彼得堡大学的高材生，因而才得以在华沙中学担任物理、数学教师，并兼任学校的副督学。

玛丽的母亲姓伯格斯基，是一个地主家的小姐，温柔、端庄，而且十分聪慧。她从华沙的一所住宿女子学校毕业后，便留在母校任教。由于执教有方，她很快就当上了这所女校的校长。

1860年，斯特罗多夫斯卡与伯格斯基小姐结婚了，婚后夫妇二人一直十分恩爱。

不过，在小女儿玛丽出生之后，再加上身体本来也不是很好，玛丽的母亲便有了肺结核的初期症状。这样一来，她只好舍弃自己热爱的教育事业，专心在家中照顾5个孩子，当然也附带养病。如此，家里的经济状况也显得更拮据了。

幸好斯特罗多夫斯卡先生的学问高，不但懂文学，还熟悉好几种外

语，因而在小女儿玛丽出生以后不久，他就被任命为诺夫利基路男子中学的物理教师，兼任副督学。这样的职位，学校就可以提供住宅了。

于是，一家人便离开以前的小房子，搬到了诺夫利基路的学校住宅里居住。这样一来，他们的环境总算比以前好了一些。

新住宅比以前宽敞了很多，还有一间很大很漂亮的书房。在玛丽的记忆中，书房中那个洁净的大书架上除了摆满整齐、美观的书籍之外，还放着一些闪着金属光泽的天平以及许多她叫不出名字的形状各异的仪器。

母亲是玛丽心目中的圣母，在她那美丽而疲惫的脸上，总是笼罩着一层慈爱的光辉，让玛丽一看到母亲的脸就感到安全、温暖。但是，母亲却好像从来没有拥抱过她，也没有亲吻过她，平时也只是用手轻轻地抚摸一下她的前额。

有时候，小玛丽会撒娇地钻进母亲的怀里，但母亲总是推开她，与她保持着距离。母亲的这种态度，对小玛丽来说简直就是一个谜。

年幼的玛丽当然不清楚，母亲自己也不想这样对待可爱的小女儿，可肺结核病却是很容易传染的。尤其在那个年代，肺结核就是一种几乎无法用药物治愈的可怕疾病，只能通过休息和加强营养来慢慢调理。但一家人仅靠一个中学教师的薪金，又怎么能好好休息和加强营养呢？

为了避免几个孩子被传染上这种可怕的病，母亲便对自己做了严格的规定：不亲吻孩子们，哪怕是最小、最可爱的玛丽，也要保持距离！

另外一个可靠的办法，就是让孩子们尽量到户外活动。所以每到暑假，她就让孩子们到乡下去居住，那里有他们的不少亲戚，可以给孩子们提供吃住的地方。

1871年的夏天，斯特罗多夫斯卡夫妇带着5个孩子一起回到乡下度假。在这里，孩子们彻底地从压抑封闭的学校环境中解脱出来，仿佛来到了游乐园一样。

4岁的玛丽对农村简直是情有独钟。波兰的农村是很美丽的，在辽阔的田野上盛开的花朵，在阳光下闪光的小溪，在云间歌唱的小鸟……所有的一切，都充满了光明和不可抵抗的喜悦。

小玛丽等几个孩子同乡下的孩子们一起快乐地玩耍、嬉戏，或到小溪里摸鱼，或到田野里摘花，有时候还到饲养场里像模像样地挤牛奶……

在农村还有一个好处，那就是可以大胆地说波兰话，还可以尽情地唱波兰歌曲。因为此时的波兰正被俄国所统治，波兰人也处在一种亡国奴的社会环境当中，不允许学习母语。在这种屈辱和压抑的环境中，波兰的人们也只能偷偷地用本国的语言进行交流。

但在乡下，孩子们就放松多了，他们再也不用提防着爸爸那所学校的校长伊万诺夫了。那是个不学无术的家伙，但因为他是个俄国人，就有资格担任校长。他总是鬼鬼祟祟地在学校里到处转悠，一旦发现哪个学生因疏忽写了一句波兰词语，或者发现学生们暗地里讲波兰话，他就会狠狠地惩罚他们。

这是一种多么屈辱而又令人难过的生活啊！

（三）

由于父母都是教师，因而玛丽和哥哥姐姐们从小就受到了比较好的教育和指导。尤其是父亲斯特罗多夫斯卡先生更是经常教育孩子，要学好知识，特别是要了解波兰的一切。因为统治者夺走了波兰的土地，占领了波兰人民的家园，但他们不能控制波兰人掌握知识。

"罗马征服了世界，但希腊文化征服了罗马。"斯特罗多夫斯卡先生经常这样教育孩子们。

因此，在孩子们都很小的时候，父母就开始教他们学习知识了。他们经常与孩子们一起进行一种游戏，就是把用纸板剪成的字母随意地排列起来，组成单词，然后让孩子们比赛认，看谁认识的多。

可不要小看了4岁的玛丽，虽然她的年纪比其他几个孩子都小，但她却能对看过的单词过目不忘，学习起来比哥哥姐姐们都快。

在暑假即将结束的时候，父亲准备考考孩子们的学习情况。这天早晨，父亲把布罗尼娅叫过来，让她朗读一篇课文。

布罗尼娅不太喜欢学习，对认字母也经常感到厌烦，所以读起课文来结结巴巴的。玛丽见姐姐读得这么费劲，觉得有点不理解，就下意识地拿起姐姐的课本，非常流利地朗读起来。

玛丽读得正得意时，忽然发现大家都一言不发地看着她。她感到有些懵了，以为自己做错了事，就嗫嚅着说：

"你们是生气了吗？请原谅我……我不是故意的，请你们不要生气……"

其实玛丽理解错了，父母和姐姐突然默不作声并不是生气，而是他们都被玛丽流利的朗读惊住了：她怎么能念得这么好？没有人要求她读书啊！

从这件事以后，父母就知道玛丽是个聪明、记忆力极好的孩子，这让他们感到很高兴。

不过，根据这对教育家多年的经验，小孩子过于早熟的话，有时并不见得是好事，他们担心孩子读太多的书会导致拔苗助长的结果，损害孩子的天性和好奇心。而且，书本上的抽象内容开始时会让孩子感到新奇，但读多了，他们就可能感到枯燥、乏味，导致以后讨厌读书。这对孩子的成长显然是不利的。

5

因此，此后父母便尽可能地少让小玛丽接触到书籍，而是鼓励她多参加户外活动，到美丽的大自然中去玩耍。当玛丽拿着书本要和哥哥姐姐们一起读书时，母亲都会叫她放下书本：

"玛丽，你的积木去了哪里？快把积木找出来玩吧。"

"亲爱的，你快看看，那朵白云多么像一座城堡呀，我们一起出去瞧瞧，好不好？"

……

慈爱、温柔的母亲还会给小玛丽讲许多童话故事和波兰民间故事，有时还会给她唱儿歌。当小玛丽依偎在母亲身边，听妈妈讲着动听的故事或唱好听的儿歌时，她都会觉得这是最幸福的时刻。如果这种幸福能这样永远地持续下去，那该多好啊！

可是，悠闲的乡村生活只能是斯特罗多夫斯卡一家生活的插曲，一旦回到华沙，他们就不得不继续在沙皇的统治下过着压抑的生活。

不久，度假结束了，玛丽跟着父母和哥哥姐姐们一起回到了华沙。

第二章　学会在逆境中成长

人类需要梦想者，这种人醉心于一种事业的大公无私的发展，因而不能注意自身的物质利益。

——居里夫人

（一）

1873年秋季，6岁的小玛丽要上学了，这让玛丽感到特别兴奋，因为爸爸妈妈终于可以不再反对她看书，从此她就能尽情地读自己喜欢的书籍了。

几天后，父亲把玛丽送入一所私立的寄宿学校中。表面上看，玛丽可以读她喜欢的书了，可事实上，玛丽却不得不学习俄国人规定的那些教材。

尽管如此，能上学读书这件事还是让对世界没有深刻了解的玛丽感到高兴。每天早晨，她都早早地起来，然后穿上笔挺的蓝色制服，吃过早饭后，便抓起书包连蹦带跳地赶到学校去。

上课时，小玛丽神情专注，一双大眼睛紧紧地盯着老师，生怕漏听了老师的讲课。无论是法语、算术还是历史，她的成绩都始终遥遥领先。能够读书和学习各种知识，对小玛丽来说，是一件相当令人快

乐而满足的事。

然而，上学带给玛丽的这种欢欣雀跃的心情并没有持续多久，一个沉重的打击就降临到了她的家庭。

在1872年，玛丽的母亲听从医生的劝告，前往法国的尼斯海滨养病，同行的是她的长女罗莎。那里风和日丽，景色宜人，很适合生病的人在那里疗养。

第二年，斯特罗多夫斯卡先生本来以为妻子可以带着健康的身体回来了，谁知等妻子回到家后，一家人几乎都认不出她了。

母亲的肺病不但没有减轻，反而越来越严重，现在几乎连行动时都会不时地发出干咳声，而且还经常吐血。以往美丽、慈爱、温柔的母亲，一下子变成了老妈妈，这让玛丽十分难过。

住在华沙的家中是不行的，不但可能会把疾病传染给孩子们，而且对疾病的恢复也没有好处，因此，玛丽的母亲在家里住了几天后，便再次出门，前往里维拉养病去了。

既要给妻子负担疗养的费用，又要供养几个孩子的吃喝拉撒，斯特罗多夫斯卡先生感到自己的负担日益加重。

然而，福无双至，祸不单行。这年秋季刚刚开学的这一天，斯特罗多夫斯卡早早地来到学校，把孩子们都安顿好后，就开始筹备开学事务。

忽然，他在自己的办公桌上发现了一封公文，公文中写道：

奉当局之命，斯特罗多夫斯卡先生的薪俸减少，副督学职务及供给的住宅取消。

这显然是将斯特罗多夫斯卡先生的职务降低了。斯特罗多夫斯卡先生很生气，但又无可奈何。他很清楚，这是学校校长伊万诺夫在背后耍的把戏。

伊万诺夫是俄国人，斯特罗多夫斯卡是波兰人，而且是深感亡国之痛的知识分子。不过，斯特罗多夫斯卡是个十分谨慎的人，平时也用俄语教授本国的少年，不敢显出对俄国侵略者的痛恨来。但是，他对伊万诺夫的一些行为却颇为看不惯，有时也会或多或少地表现出不满情绪来。

很显然，现在是伊万诺夫故意用降职减薪的行为来惩罚斯特罗多夫斯卡。这样一来，不仅薪水降低了，斯特罗多夫斯卡还要搬出学校免费提供的宽阔住宅，到外面自己租房子住。

这可真是"屋漏偏逢连夜雨"！迫不得已，斯特罗多夫斯卡只好在附近租下一所廉价的住宅，带着孩子们住了进来。

可是，接下来该如何克服家庭的困难呢？久病的妻子需要花钱疗养，5个孩子也都要上学，一家人还得吃饭穿衣……

这些难题都摆在了斯特罗多夫斯卡的面前。可是，坚强不屈的斯特罗多夫斯卡先生勇敢地挑起了家庭的重担。他决定在自己租来的房子里招收几个住宿的学生，他提供住宿和课外辅导，学生们可以向他交一点学费。这样一来，就能够增加一些收入了。

开始时，斯特罗多夫斯卡只招了3个学生，后来就逐渐增加到了10个。家里多了一批野孩子，亲密的家庭也变成了喧嚣的作坊。

年幼的玛丽从父亲愁苦的表情和母亲病重的无奈中，过早地体会到了生活的艰辛。也就是从那个时候开始，玛丽的性格逐渐变得倔强、勇敢起来。

（二）

不幸并不会因为玛丽一家的困苦生活而不再降临。1876年，华沙开始流行一种斑疹伤寒病，寄宿在玛丽家中的一个学生不幸被传染上了。

虽然这是一种十分可怕的流行性传染病，但斯特罗多夫斯卡和孩子们还是精心地照料这位患病的学生。在大姐罗莎和二姐布罗尼娅的照顾下，这位同学很快就痊愈了。

然而不幸的是，罗莎和布罗尼娅却因此而感染上了斑疹伤寒。布罗尼娅的身体素质要好一些，发了几天烧后就没事了；可14岁的大姐罗莎由于每天要照顾弟弟妹妹，还要做很多家务活，一向比较劳累，身体本来就不强壮，在病菌的肆虐之下，竟然一病不起。

看着躺在床上被病魔折磨的虚弱的姐姐，玛丽急得直哭，她不停地祈祷上帝让她的姐姐好起来。

但上帝没有施展他的魔法。在一个大雪纷飞的早晨，罗莎静静地离开了人世。

第二天，姐姐就要被埋葬了。当姐姐被抱着放进棺木时，那一幕悲伤的情景深深地烙在了玛丽的脑海中。

"上帝，你为什么不听我的祷告呢？"小玛丽将一束白色的康乃馨和一个漂亮的洋娃娃放进姐姐的棺木中，嘤嘤地啜泣起来。

大姐的去世，对斯特罗多夫斯卡一家来说，是一次残酷的打击。尤其是年仅9岁的小玛丽，也第一次体会到了失去亲人的痛苦。

然而，这还不是最令玛丽难以接受的。接二连三的不幸，让母亲的身体也日渐衰弱。虽然玛丽已经对祈求上帝失去了信心，但她仍然每天虔诚地为母亲祈祷，希望母亲能够好起来。

像以往一样，这一次上帝也没有怜悯这个不幸的家庭。最悲惨的日子降临了。

1878年的春天，天气渐渐变暖，斯特罗多夫斯卡将妻子从里维拉接回家中。

此时的玛丽已经11岁了，正在学校读五年级。令久病的母亲感到

欣慰的是，几个孩子现在的学习都很优秀，而且品行端正，对生活充满热情，可以无私地帮助别人……有这样的儿女，母亲感到很满足。尤其是最小的女儿玛丽，不但聪明、好学，还很懂事，知道为爸爸分忧，从不调皮或无理取闹。

可是，母亲的病却越来越严重了，药物对于她好像根本就没有效果一样。每年的五六月份都是波兰气候最为宜人的季节，天气一天天变暖，阳光洒满了大地，人们都喜欢悠闲地坐在外面晒太阳。可母亲每天却还要靠着暖炉，无力地坐在安乐椅上，什么活儿都不能做；而且食欲骤减，脸色蜡黄，还不停地咳嗽吐血。唯一让她感到一丝快乐的，就是看到孩子们一天天健康地长大。

患有肺结核的病人，就好像一盏点燃着的油灯，而油灯中的油总有耗干的时候，这时人也就不行了。

在5月9日的这天，母亲好像知道自己即将离世了，就叫医生不要费心了，然后又让人请来了牧师。她很担心自己4个年少的孩子，尤其是最小的女儿玛丽，她才只有11岁，现在却要变成了没有母亲的孩子，这多么让人悲伤啊！

母亲将无限忧虑的心事都交付给牧师，虽然内心痛苦，但她的表情依然很平静。直到弥留之时，她还很沉静地透了最后一口气，说了最后一句话：

"我爱你们。"

她那黯淡无光的双眼，依依不舍地看着围绕在病床前的亲人，最后慢慢地闭上了……

悲痛的哭声，再一次在这个狭小的房间中响起，玛丽难过地握住母亲的手，久久都不愿放开。

几天后，玛丽再一次穿起黑色的丧服，与父亲一起埋葬了母亲。

对一个11岁的孩子来说，姐姐死了，母亲也死了，玛丽差不多是在一种无人照料的环境下长大，但她却从来没有诉过苦。她似乎生来就有着勇敢骄傲的个性，任何打击都不能让她颓丧失望。

（三）

在这几年，玛丽遭受的不幸可真是不少，不但父亲减薪降黜，姐姐和母亲先后去世，就连在学校里，也要不停地遭受俄国宪兵的压迫和侮辱。

玛丽上的是一所私立学校，但学校管理却很严，教学也极其认真，有着浓厚的波兰气息，的确算得上是一所好学校。

在班里，玛丽是年纪最小的一个，可她各门功课都名列前茅，是同级学生中的佼佼者。

教授她们数学和历史的老师是杜巴斯卡小姐，她是个多少有些古怪的女人，常常板着脸，似乎世界上就没有什么令她高兴的事。

但是，她却不是一个毫无情感的人，冰冷的铁甲只是他的保护膜。一个处于亡国奴地位而又充满爱国激情的知识女性，有这种矛盾的表现也并不奇怪。

每当上历史课时，玛丽都会觉得杜巴斯卡小姐很可爱，那并不美丽的脸庞也会变得柔美可爱起来。所以，玛丽和同学们都会十分严肃而且又多少带点神秘、崇高的情感，激动地听着杜巴斯卡小姐讲述那些永远让人无法忘怀的波兰历史。

"同学们，"杜巴斯卡小姐脸上透出一股凛然不可侵犯的深情，低声而有力地说，"在14世纪中叶，波兰国王瓦迪斯瓦夫一世重新统一波兰时……"

　　杜巴斯卡小姐这样讲课，在俄国当局看来，可是大逆不道的事情。老师和学生谈到从前波兰的历史，都难免会产生一种家国之痛。

　　不过，玛丽和同学们都喜欢杜巴斯卡小姐的历史课，因为她让学生们了解了历史的真相。而真相，对玛丽来说就像空气和水一样重要。但不幸的是，杜巴斯卡小姐和同学们有时也要说谎、讲假话。

　　有一次，杜巴斯卡小姐正给大家讲历史讲得入神时，忽然，走廊深处传来了"丁零……丁零……"的铃声。这是信号，有可能是俄国督学霍恩先生来检查课堂教学了。

　　杜巴斯卡小姐立即吩咐同学们将课本偷偷地藏起来，接着又拿出针线、剪刀、小块布料等放到桌面上，一个个都低头假装认真地做起针线活来。

　　就在这时，校长陪着的俄国督学神气地在教室的门口出现了。他警惕地扫视着教室中的每个人，最后把鹰隼一般的目光停留在杜巴斯卡小姐的身上，质问道：

　　"杜巴斯卡小姐，我刚才在走廊中听到你正在很激动地讲着什么，怎么我一进来就不讲了呢？"

　　"啊，督学先生，我刚才正给孩子们讲克雷洛夫的寓言故事呢。"杜巴斯卡小姐反应很快，急忙回答说。

　　"是吗？俄罗斯的寓言家啊，虽然我们的政府不喜欢这个刻薄的家伙，但毕竟是俄罗斯的……"

　　说完，督学十分傲气地坐在杜巴斯卡小姐的椅子上，又对她说：

　　"现在，请您点一名学生出来，我要问几个问题。"

　　杜巴斯卡小姐向校长望了一眼，校长不动声色地点了点头，随后就将目光投向了玛丽。

　　玛丽不知道老师正盯着她，只是低着头暗暗祈祷：

"可千万不要点到我呀！"

玛丽倒不是担心回答不上来督学的问题，这方面她很有信心。她最受不了和感到屈辱的，是需要当着大家的面毫不犹豫地说假话。

没想到，老师还是点了玛丽的名字：

"玛丽，请你来回答霍恩先生的问题吧。"

玛丽一看实在躲不掉了，只好心情复杂地站起来，抬起头，看着督学先生。

"请你用俄语背诵一遍天主教的祈祷文。"

玛丽用机械一般的声音，背诵得很流利。

接着，俄国督学又让玛丽说出俄国历代沙皇的名字，玛丽也毫不迟疑地将那一串冗长的名字说了出来，熟练的程度简直如数家珍。

俄国督学又问：

"请问，从叶卡捷琳娜二世起，统治我们的神圣的俄国皇帝是哪几位？"

这个问题带有明显的挑衅性，即使一个稍有见识的波兰学生，都会感到屈辱。而且，督学在向玛丽提问时，还特意将"我们"两个字加重了语气。

玛丽紧咬了一下嘴唇，接着，她尽量用一种平静的声音回答道：

"从叶卡捷琳娜二世以后，接下来的是保罗一世、亚历山大一世、尼古拉一世和亚历山大二世。"

俄国督学很满意地笑了，那么熟练的回答，还有那么纯正的俄语语调，让督学看到了俄国化教育的成效。督学认为，这种奴化教育要比什么数学、历史、文学更重要。他十分欣赏自己善于提问的能力。

最后，督学又问：

"沙皇的尊号是什么？"

"是陛下。"

"现在统治我们的是哪位皇帝？"

玛丽看到霍恩先生那副得意的深情，真恨不得上去啐他一口吐沫！杜巴斯卡小姐担心玛丽犯倔，急忙委婉地说：

"玛丽，你肯定知道的，是吗？"

"是全俄罗斯的皇帝，亚历山大二世陛下。"

玛丽的心痛苦极了，脸色惨白。

督学终于站起身来，心满意足地走了。校长跟着也走了出去，在临关门时，她回身慈祥地看了一眼玛丽，然后关上了教室的门。

杜巴斯卡小姐含着眼泪，把玛丽叫到自己身边，然后爱抚地吻了吻她的额头。小玛丽的眼泪一下子就流了出来。

亡国的痛苦，从此就深深地印刻在这个小姑娘的心头。

　　居里夫人闻名天下，一生获得过无数奖励和荣誉，但她却对此毫不在意。有一天，爱因斯坦到她家中做客，看见她的小女儿艾芙正在玩英国皇家学会刚刚颁发给她的金质奖章，于是惊讶地说："夫人，得到一枚英国皇家学会的奖章可是极高的荣誉，你怎么能给孩子随便玩呢？"居里夫人笑了笑，说："我是想让孩子从小就知道，荣誉就像玩具，只能玩玩而已，绝不能看得太重，否则就将一事无成。"

第三章　高中时光

　　我从来不曾有过幸运，将来也永远不指望幸运，我的最高原则是：不论对任何困难都决不屈服！

——居里夫人

（一）

　　1881年，玛丽14岁了。这一年，哥哥约瑟夫以最优异的成绩从中学毕业，考入华沙大学医学系；二姐布罗尼娅也以优异的成绩从一所公立高中毕业了。但是，由于华沙大学那时还不接收女生，所以布罗尼娅在再次求学的道路上就遇到了阻力。

　　布罗尼娅很有梦想，她想去法国留学，可父亲却根本拿不出这笔钱。无奈之下，她只好暂时待在家中料理家务。

　　这年开始，玛丽转到了布罗尼娅毕业的那所公立高中读书。本来玛丽是不想到这所学校读书的，因为以前的私立寄宿学校教学水平也不错。最主要的是，在那里总还可以偷偷地用波兰语说话，老师也会不声张地给她们讲述波兰的历史；而这所公立高中却完全强制执行俄罗斯当局的奴化教育，不允许说波兰话，更不允许老师讲波兰的历史。

　　而且，这里还有不少对波兰学生很不友好的老师，他们简直把波兰学生当成敌人。在这样的学校读书，简直就是受刑。

但是，玛丽却不甘心只接受一点中等教育，这就需要有一张文凭才行，而私立学校是没有资格给学生颁发文凭的。

所以，玛丽不得不依依不舍地离开寄宿学校。一想起公立中学的种种可恨之处，她更觉得难过。

在离校那天，私立寄宿学校的校长西科尔斯卡将玛丽叫到她的办公室，叮嘱玛丽说：

"玛丽，记住我的话，到了那里后，一定要学会忍耐，只有忍耐才能最后成功……一定不要忘记，知道吗？"

西科尔斯卡校长很清楚，玛丽是个十分聪明而有前途的孩子，她也希望玛丽能够在一种自由的环境下成长、成才，然而在黑暗的波兰，这个愿望是难以实现的。她甚至有些担心，这样的压抑屈辱的环境之下，这个女孩的天才会不会夭折？啊，如果那样的话，可实在是太可惜了！

14岁的玛丽很清楚也很理解校长的谆谆苦心，所以，她郑重地对西科尔斯卡校长说：

"校长，请您放心，我一定会永远记住您的话！"

进入公立高中后，聪明好学的玛丽学习成绩很快就全班第一了，没有任何功课会让她感到困难。班里有许多俄国、德国、波兰和犹太血统的学生，大家都对她赞不绝口。就连老师们都惊诧于这个小姑娘的大脑中似乎有一台记忆机器，她几乎能对所有的知识过目不忘。

玛丽有一点让大家佩服的，就是她学习时的专注。一旦她的精力集中起来，就会对周围的一切都置之不理。不管周围如何吵闹嘈杂，她的注意力都不会被分散。

有一次，玛丽在做功课时，她的姐姐和朋友们想捉弄她一下，就故意在她的面前跳舞、唱歌、做游戏，但玛丽丝毫不为所动，始终专心致志地看书。

姐姐和朋友想试探她一下，就悄悄地在她的身后像搭积木一样搭起几张凳子。只要她一动，凳子就会倒下来。

大家都纷纷屏息凝视，可时间一分一秒地过去了，玛丽就像一座雕像一样保持着一个学习的姿势，坐在一大堆椅子中间，头深深地埋在书本里。

姐姐和朋友们焦急地等着，都快不耐烦了。大约一个小时后，玛丽才合上书，站起身来，肩膀碰到了一旁的凳子。哗啦啦，凳子全都倒下去了。

"耶！"姐姐和朋友们都为自己的阴谋得逞而欢呼，可玛丽却毫无表情，而是揉揉肩膀，轻轻地说了三个字：

"真无聊！"

……

玛丽的这种严肃、认真的个性，在孩提时期就已经渐渐形成，并且伴随她一生。弗朗索瓦兹·纪赫尔在为玛丽所作的传记《居里夫人——寂寞而骄傲的一生》当中，这样介绍玛丽：

"居里夫人年轻时就不喜欢别人的恶作剧，成年后依然如此。她全无幽默感，任何事情都严肃对待，尤其是对待自己。这样的天性可能不会被别人喜欢，但这却常常是支撑她的力量……"

（二）

进入公立高中后的玛丽，成绩优异，同学们也很喜欢她。可是，学校的一些老师和管理人员却很敌视波兰学生，这让玛丽感到很痛苦。

  有一位名叫梅耶的德国女人，是玛丽的教导主任，她对玛丽就特别看不顺眼。而且，她还总是像个幽灵一样，悄无声息地到处转悠、偷听，以便发现哪些波兰学生有了反对俄国的言论，好对其进行惩罚。

  梅耶小姐很不喜欢玛丽，每每想起玛丽，她都会火冒三丈。因此，虽然玛丽的功课很出色，她还是会经常责备玛丽，责备她执拗的性格，责备她"轻蔑的微笑"。因为玛丽在听到梅耶训斥她时，总是会用这种微笑来对抗她。

  玛丽的同学中，有个名叫卡佳的女孩子。她也是波兰人，与玛丽一样，痛恨沙俄，也痛恨学校那些总是欺负、侮辱他们的老师和教员们。

  两个女孩经常一起相约上学，共同经历了这段痛苦的时光。

  在上学的路上，她们会路过萨克斯宫前的萨克斯广场。在那里，竖着一座十分高大壮丽的方尖碑，上面刻着：

  "献给效忠于皇帝的波兰人。"

  这是沙皇赐给那些出卖祖国、奴颜婢膝的波兰人的"礼物"，波兰人都十分讨厌这个东西。玛丽和卡佳每次经过那里时，都会像其他波兰人一样，狠狠地向它吐上几口吐沫。

  她们还经常谈论教导主任梅耶小姐，玛丽厌恶地说：

  "在老师当中，像梅耶小姐这样的人绝对不止一个，这些人根本就不是来教书的，而是来监视我们的。"

  这种怨恨，在刚刚走入花季的少女心中滋长、蔓延，实在是一种悲剧。这个年龄应该是充满爱、宽容和希望的时期，也是人生最快乐、最纯真的时光，可是，玛丽和她的波兰同学们却要在自己还不太成熟的感情中拿出一部分去怨恨、憎恶，这是多么不幸的一件事啊！

  1881年3月的一天，报刊上登出头号新闻：俄国皇帝亚历山大二世在圣彼得堡被民意党人暗杀。

玛丽和卡佳在学校中得到这个消息，都高兴得又蹦又跳，不断欢呼。而此时，全国上下都被迫为沙皇的去世而服丧。

就在玛丽和卡佳在教室中欢呼庆幸时，梅耶小姐突然闯了进来，愤怒地大声叫起来：

"你们快给我停下来！尤其是你们俩，玛丽和卡佳，知道今天是什么日子吗？今天是全俄国的悲痛日，我们伟大的俄国皇帝陛下去世了！而你们，居然还在这里跳舞欢呼，这是为什么？给我说清楚！"

玛丽被突然闯进来的叫喊着的梅耶小姐吓得一时语塞，不知该如何回答。

梅耶小姐更加生气了，不停地逼问着：

"你们快说，这是为什么？卡佳，你先说！"

玛丽知道卡佳胆子小，忙接过梅耶小姐的话，回答说：

"我们只是想跳舞，就是脚有点发痒而已……这样也不行吗？"

"伟大的全俄罗斯皇帝去世，你们都应该感到悲痛才行！为什么脚偏偏今天痒呢？你们也不想想，正是因为有了俄罗斯皇帝的恩泽，你们才过上了这种安稳、幸福的日子！好了，今天我就讲这么多，你们今天不必再上课了，回家去吧。我要把这件事通知你们的家长，然后再决定怎么处置你们！"

梅耶的最后一句话击中了玛丽的要害。她想起了七八年前，父亲就是因为对俄罗斯奴化教育不满而被撤职减薪，给全家人带来了巨大的不幸。而今天，如果因为自己的行为再给父亲和家人带来麻烦，那会让父亲多么难过呀！

玛丽越想越感到不安。

（三）

怀着忐忑的心情，玛丽回到了家。

看到父亲后，玛丽忍不住扑到父亲的怀里哭了起来：

"爸爸，请原谅，都是我不好……"

父亲慈祥地拍着玛丽的后背，好久没有出声。他想，如果玛丽出生在其他国家，此时应该过着愉快的学生生活，可现在……

等玛丽的情绪平复后，父亲拉着女儿坐下，然后平静地对玛丽说：

"玛丽，别担心，这件事已经过去了，明天你和卡佳可以继续去上学。不过你要记住，不论什么人，对皇帝的遇刺而高兴地跳舞都是有些过分的。真正的波兰姑娘不会干这么轻率的事，不论任何时候，都要有高雅的举止和良好的教养。只有这样，才能受到人们的尊敬和爱戴，成为一个才学卓著的人，明白吗？"

"明白了，爸爸。"玛丽低着头回答说。

第二天，玛丽与卡佳继续去学校上学了。

不过，几天之后发生的一件事，让玛丽对沙俄统治的痛恨又加深了一层。

这天上地理课时，玛丽看到同学莱欧妮·库尼茨卡正在偷偷地哭泣。她平时穿的衣服都极其整齐，而今天却像是随便在身上披了一件衣服一样。

下课后，玛丽忙问库尼茨卡怎么回事。

原来，库尼茨卡的哥哥和同伴密谋了一个要推翻沙俄统治的活动，没想到被人告发了，她的哥哥被俄军逮捕了。明天一早，他们就要将她的哥哥绞死。

听了库尼茨卡的话，玛丽惊呆了，她似乎看到那个男孩年轻的脸庞，看到了绞刑架、刽子手，还有绞索……

这一晚，玛丽和她的两个姐姐，还有卡佳，都守在库尼茨卡的家中，陪伴着这个悲伤欲绝的朋友。

几个姑娘都一夜没睡，她们的革命感情和她们的眼泪都掺杂在一起。

黎明终于到了，黯淡的霞光从窗户里射进来，照着她们苍白的脸颊。她们都默默地跪下来，低声地祈祷着……

与此同时，一个为祖国牺牲的少年，在俄国沙皇的绞刑架上失去了生命。

虽然高中生活充满了屈辱和压抑，但生活还是七彩的，玛丽的高中生活也有许多快乐的时光。年轻的数学老师格拉斯先生和教授自然科学的老师罗萨尔斯基先生都是波兰人，除了教书认真外，他们还常常给学生们讲一些含义深刻的话，鼓励学生自己揣摩。

他们讲的话的含义，自然是希望同学们不要忘记自己是波兰人，要热爱自己的祖国等等。即使是在讲授数学和自然科学时，他们也会巧妙地让学生了解波兰的历史和波兰那些优秀的人物为人类所做出的贡献。

这些老师的讲课，给玛丽带来了极大的满足和快乐。虽然有时难免要受到那些俄国老师和教员们的欺负，但玛丽还是逐渐感到学校生活对她的巨大吸引力。

在读公立高中的最后一个暑假，玛丽是在乡下度过的。从她在农村写给卡佳的信中，我们可以看出她对学校生活的热爱和感情。

玛丽在信中写道：

亲爱的卡佳：

你知道……虽然有这一切，可我还是很喜欢这所学校的。也许你会嘲笑我，但我还是很喜欢它……你不要以为我是非有它不可，不是这样的……只是在我想到就要回到那里去的时候，我一点也不觉得难过；想到还要在那里过两年，我也不像以前那样觉得可怕了……

1895年，玛丽和皮埃尔·居里结婚时，新房里只有两把椅子，正好每人一把。皮埃尔·居里觉得椅子太少，建议多添几把，以免客人来了没地方坐。玛丽却说："有椅子是好的，可是，客人坐下来就不走啦。为了多一点时间搞研究，我想还是算了吧！"

第四章　"活动大学"的成员

我们生活似乎都不容易，但是那有什么关系？我们应该有
恒心，尤其要有自信心！

——居里夫人

（一）

1883年6月12日，玛丽以全校第一名的成绩，从这所公立高级中学毕业了。她也像哥哥约瑟夫和姐姐布罗尼娅那样，拿到了学校的金质奖章。

斯特罗多夫斯卡十分高兴，他怀着骄傲的心情参加了玛丽的毕业典礼。看着女儿身穿黑色的礼服，胸前佩戴一朵蔷薇花，站在台上接受毕业证书和奖章，斯特罗多夫斯卡先生的眼睛都湿润了。

毕业典礼结束后，玛丽挽着父亲的手，带着她的毕业证书，又高兴又伤感地离开了这所让人一言难尽的中学。

玛丽刚刚16岁，而且身体也很单薄，如果现在就出去就业的话，显然是有点儿早。如果能够继续深造，那自然是最好不过了。

可是，现在家里根本拿不出多余的钱让玛丽出国继续读书。玛丽自己也很清楚家里的情况，所以，当她看到那些成绩不如自己的同学

马上要到国外去留学，心里很不是滋味。

不过，父亲还是和玛丽商量了一下，决定让她先到乡下生活一年，回来后再决定何去何从。

斯特罗多夫斯卡先生的家族散居在波兰的各地，玛丽可以尽情地四处漫游。她到乡下的亲戚家后，只要付少许的膳宿费，或者给他们的孩子教一些功课，他们就会热情地款待她好几周，让她过着悠闲快乐的生活。

玛丽愉快地接受了父亲的建议，暂时放下了留学的事，离开华沙，来到波兰南部克拉科夫的乡下，过起了她一生当中唯一的一次闲散而愉快的田园生活。

在克拉科夫，玛丽住在叔叔克萨维尔先生家中。叔叔的家里有一座牧场，里面养着几十匹纯种马。在这里，玛丽在堂兄弟姐妹们的帮助下，很快就学会了骑马。这位未来的女科学家，在这里变成了一位有模有样的女骑士。

除了学习骑马外，玛丽还喜欢到山林中散步。蓝天之下，是挺拔的黑枫树林，林中空气清新，鸟儿鸣叫，在大自然的怀抱当中，人会不由自主地摆脱那种心灵上的不愉快，让心灵变得像林间溪水一般清澈、透亮、甜美……

夏天很快就过去了，玛丽又来到加利西亚边境的另一个远房叔叔家中。这个远房叔叔有个十分快乐的家庭，还有三个漂亮可爱的女儿，她们都很喜欢玛丽，对玛丽的到来表示热烈欢迎。

玛丽住在这里，真是乐而忘返。每个周末，叔叔家总会有客人来，或是去参加一个狂欢节。令玛丽最难忘的，就是和三个堂姐妹一起，穿着农村姑娘鲜艳的服装，戴着面具，去参加一种名叫"库立格"的舞会。

这种舞会也是在狂欢节举行的一种周游各地的特殊旅行。玛丽和三个堂姐妹坐在雪橇上，在黑夜中越过雪地。小伙子们也穿着色彩绚丽的衣服，骑着马在车辆左右奔跑欢呼，还不停地挥舞着火把。

欢快的气氛，雀跃的心情，让玛丽感觉像是在童话中一般。

1884年的夏天，玛丽又到康拔地区去过夏，住在富勒瑞伯爵夫人家中。这位富勒瑞伯爵夫人以前曾是玛丽母亲的学生，所以她对玛丽也十分友好。

康拔是个美丽的地方，玛丽从屋子的窗口向外望去，就可以看到两条平静清澈的大河环绕在周围，河边绿草如茵，景物似画……

在这里，玛丽又住了一个多月。

7月，玛丽结束了长达一年的乡村生活，回到了华沙。从1883年到1884年这一年多的乡村生活是玛丽人生中一个让她永远都不能忘怀的驿站。

（二）

当玛丽怀着轻松愉快的心情回到华沙后，父亲简直都认不出小女儿了。玛丽的个子长高了，身体看起来也丰满多了，完全像一个发育健康的波兰农村姑娘。只是那双深邃的黑眼睛，依然还是像以前一样，炯炯有神，透露出一股对周围强烈的好奇。

只是，斯特罗多夫斯卡先生却显得老了许多。这时，他虽然还在学校教课，但考虑到孩子们都大了，需要安静、舒适的家庭环境，所以家中也不再招寄宿生了。

玛丽对父亲的决定感到很高兴：

"太好了，爸爸，你的决定总是让人高兴。"

　　"是啊，爸爸希望你们能有一个好一点的家庭环境。虽然现在收入少了一些，但我可以找一些近期出版的化学或物理方面的书籍，一面浏览学习，一面找些合适的内容翻译出来，赚些稿费来贴补家用。"

　　听了父亲的话，玛丽感到有些难过。自从母亲去世以来，父亲将自己的一切都献给了孩子们。父亲喜爱读书，喜欢研究科学，可为了能多赚些钱，他把宝贵的时间都用来辅导那十来个寄宿生，几乎放弃了自己的读书时间，也放弃了对自然科学的研究。

　　望着父亲额头上深深的皱纹，还有那日益增多的白发，玛丽的心里感到很酸楚。她决定自己出去找工作谋生，不再依靠父亲，也减轻一下父亲的负担。

　　该怎样迈出这艰难的第一步呢？

　　经过一番思考，玛丽觉得父母都是老师，自己也应该从教书开始。于是，玛丽就想找个家教的工作，教课赚钱。

　　她贴出这样一份广告：

　　"有文凭的青年女士教授算数、法文，学费低廉。"

　　很快，就有几个家长与玛丽联系了，玛丽幸运地找到了工作。可是，教书的钟点费却只有半个卢布，无奈之下，她不得不多兼职几份家教。

　　此后，无论是刮风下雨，还是寒风凛冽，玛丽都必须遵守约定的时间，一家一家地去教课。她几乎跑遍了整个华沙，每天都累得筋疲力尽。

　　对玛丽来说，这的确是一份辛苦的工作，但倔强坚强的她对此没有半句怨言。其实最让她头疼的，并不是这样的奔波劳累，而是学生的调皮、自我和不用功，还有一些家长的恶劣态度。

　　玛丽自幼就聪明好学，上学后成绩也一直名列前茅，所以她对学习不认真和顽劣成性的孩子实在是感到无奈。

另外，有些家长的态度也让玛丽不愉快。这些家长常常瞧不起谋职的家庭教师，觉得这些"有点知识的穷人"就应该对富人曲意奉承。如果孩子出门没回来，耽误了授课时间，那些家长们往往不会为女儿的行为道歉，请求老师原谅，而是会像对待下人那样满不在乎地说：

"小姐还没有回来，她喜欢游戏，玩起来就会忘记时间。你就等一下吧，她应该会回来的。"

玛丽很讨厌这样的行为，但为了不丢掉这份工作，她只好浪费自己的时间，耐着性子焦急不安地等这些"学生"回来。

是啊，玛丽怎么能不着急呢？因为这样就会耽误下一个学生的上课时间！

相反，如果玛丽偶尔迟到几分钟，那些家长们却毫不客气：

"我还以为你今天不来了呢！以后尽量早一点，孩子还有别的事要做。"

或者说：

"等了这么久，你一直不来，孩子已经出去玩了。我们请你教课是付钱的，希望你以后能够准时一些。"

更让玛丽生气的是，每次到该付授课费时，那些富人家长们好像忽然都成了莫里哀剧中的"阿巴贡"，为那少得可怜的薪水一拖再拖，结果玛丽也经常捉襟见肘。

每次受到这种不公平的待遇时，玛丽都会气愤地抱怨一番：

"真可恶！这些为富不仁的家伙，太可恶了！"

这时，姐姐布罗尼娅就会低声地安慰她，希望可以让妹妹好受一些。

这种日复一日、缺乏激情的生活，对于年轻人来说是很危险的，很多有志青年都在这种平庸无聊的生活中失去了理想和追求，最后成为每天发牢骚、不可救药的愤世嫉俗者。现在，玛丽也出现了这种危险

的情绪——感到无聊。

如果这种情绪持续下去的话，肯定会损害玛丽的心态。就在这时，玛丽遇到了一位比她大十多岁的比艾希卡小姐。

（三）

在那个时候，由于长期的民族压迫，一些波兰青年在安排人生目标的时候，都会将为祖国服务的愿望放在个人抱负之上。而且，他们还认为艺术对救国的帮助不大，所以他们崇尚科学，将生物学、物理学、化学等列在艺术学科之上。

同时，这些年轻人还认为，侵略者千方百计地想要奴化波兰人，让波兰人变得蠢笨、愚钝，那么他们就必须要发展文化教育，以此来反抗沙俄的压迫和欺凌。于是，他们创办了一个秘密组织——"活动大学"，组织青年学生学习知识。

在"活动大学"的成员当中，有一位名叫比艾希卡的中学女教师。她二十六七岁的样子，她长得并不漂亮，但神采却十分动人，尤其对近代的各种学说很感兴趣，知识渊博，意志坚强。

比艾希卡小姐对波兰以外的国家，如法国、英国等在哲学和自然科学上所取得的成就都很熟悉。在一个偶然的机会，玛丽与比艾希卡认识了。在比艾希卡的帮助下，玛丽逐渐了解了法国实证主义创始人孔德的实证主义哲学，英国哲学家、心理学家斯宾塞的以经验为基础的"综合哲学"，还了解了法国微生物学的创始人巴斯德的"生源论"以及英国生物学家达尔文和他所提出的以自然选择为基础的进化论等等。

玛丽强烈的好奇心和求知欲立即在比艾希卡小姐的激情讲述中被煽动起来。对于像玛丽这样的人，就像培根所说的那样，除了知识和学

问之外，世界上没有任何其他的力量能够在她的精神和心灵，在她的思想、想象、见解和信仰中建立起统治和权威。

比艾希卡小姐邀请玛丽参加他们的"活动大学"。玛丽开始时有些犹豫，但后来她被比艾希卡小姐的大胆意见所征服，便和她的两个姐姐布罗尼娅和希拉一起加入其中。

"活动大学"有定期的聚会，有些爱国的波兰教师会秘密地为学员们讲授解剖学、生物学、社会学等学科。在俄国沙皇的统治之下，这种活动已经属于非法的了，所以这些功课只能秘密讲授。

聚会的地点也经常变换，有时在比艾希卡小姐家里，有时在其他人的私人住宅里，学员们都聚在一起讨论学到的东西，传阅科技小册子和论文等。这样，一方面可以增加青年人的知识，另一方面还培养了他们对祖国的信心。

40年后，当居里夫人回忆这段时光时，曾这样说道：

> 其实现在看来，这种活动方式并不高明，所得的效果也十分有限，但我仍然相信，当时我们确立的观念是唯一能够促进波兰社会真正进步的。我们不能指望不使个人进步，就可以建立一个比较好的世界。为了这个目的，我们每个人都必须努力设法让自己达到尽善尽美的程度。同时，我们还接受了作为社会成员的特殊义务——看我们的力量对于哪些人最有用就去帮助哪些人。

所以说，当时"活动大学"的任务并不只是加强像玛丽这样具有中学文化程度的青年的教育，还担负着传播知识的责任。比如玛丽，就曾经承担了为一家缝纫厂的女工读书的工作。她还一本一本地搜集来波兰文的书籍，办了一个小型的图书馆，供女工们学习阅读。

（四）

如果循着这样一条道路发展下去的话，玛丽也许会成为一名坚定的职业革命家，但这样的事情并没有发生。当然，这其中有很多原因，比如父亲对自然科学的爱好，从小就引起了玛丽强烈的好奇心，这种开始是朦胧的神秘感想必已经在玛丽的心中编织了一个难解的情结，从而影响了她的一生。

有一次，在与约瑟夫、希拉讨论青年人应该有怎样的理想和如何为复兴波兰而决定自己的行动时，玛丽经过一番认真思考后，说：

"……我不认为参加运动就是最好的方式。刚刚步入社会，自己闯一闯就会懂的。但我认为，更重要的是我对科学、数学、文学等方面的知识都太缺乏。如果掌握了真正的知识，在关键时刻，就会做出正确的选择。"

正是在这种认识之下，玛丽在经过深思熟虑之后，毅然地对姐姐布罗尼娅谈起了想去巴黎留学深造的事。

布罗尼娅感到很突然，不解地问玛丽：

"你怎么会突然想起这件事呢？"

"我已经考虑很久了，也跟爸爸谈过。我想，我已经想出了一条可以走得通的路了。"

"走得通的路？你指的是什么？我不明白。"

玛丽胸有成竹地问布罗尼娅：

"为了去巴黎读书，你存了多少钱了？可以在巴黎生活多久？"

布罗尼娅一定是反复计算过她的存款了，因此很快地回答说：

"除了旅费之外，可以生活一年左右吧。可是，在巴黎读完医科大学需要5年的时间呢！我的钱差得太远了……"

玛丽根本不理会布罗尼娅的沮丧，抢过话头，说：

"如果我有办法实现你和我的梦想，你愿意吗？"

"你？你疯了吗？"布罗尼娅简直不相信这是妹妹说的话。

"听我说。到巴黎后开始的第一年，你用自己的存款生活，以后，我就可以想办法寄钱给你，而且爸爸也会尽力寄一点的……"

"玛丽，你怎么能有钱寄给我呢？"布罗尼娅觉得妹妹在说梦话。

"现在我做家教一小时只能赚半个卢布，当然不会有钱寄给你，但如果我到乡村去找一家愿意提供食宿的家庭，去担任家庭教师，那么我一年就可以赚400多卢布，这样不就有钱寄给你了吗？"玛丽说得胸有成竹。

"玛丽……"布罗尼娅听完，感激的泪水不由自主地充满了眼眶。

"同时，我自己也会存一些钱，这样等你读完医科大学后，就轮到我到巴黎去读书了，而那时你已经当上了医生，这样不就又可以帮助我了吗？"

"可是玛丽，你比我更优秀，为什么不是你先去，而是我呢？"布罗尼娅不解地问。

"因为你今年已经20岁了，而我还不满18岁，当然是你先去了！"玛丽拉住姐姐的手，微笑着说。

布罗尼娅满怀感激，同意了玛丽的建议。

1885年秋，布罗尼娅带着一家人的期望和玛丽的梦想，前往她梦寐以求的巴黎去留学了。

　　从1913年起，居里夫人的年薪已增至4万法郎，但她照样过着"吝啬"的生活，每次从国外回来，她都要带回一些宴会上的菜单，因为这些菜单都是很厚很好的纸，在背面写字很方便。难怪有人说居里夫人一直到去世都"像一个匆忙的贫穷妇人"。

第五章　年轻的家庭女教师

　　人类看不见的世界，并不是空想的幻影，而是被科学的光辉照射的实际存在。尊贵的是科学的力量。

——居里夫人

（一）

　　在布罗尼娅离开家后，玛丽就要承担起家庭的重任，她决心到职业介绍所去寻找一份家庭教师的工作。

　　当时，家庭教师的地位是很卑微的，差不多与保姆、厨娘、花匠一样。如果工作不在乡下，而在城里，那么玛丽可以不必忍受痛苦的放逐生活，住在家庭的附近，每天还能与父亲一起说说话，或者跟"活动大学"的朋友彼此来往，尽一点自己的力量。

　　但是，事情不能尽如人意，为了增加收入，她最终还是选择为一个偏僻乡下家庭的6岁女孩和6岁男孩担任家庭教师。

　　1886年1月1日，19岁的玛丽在严寒中启程，离开了家，离开华沙城，登上火车，前往她担任家庭教师的地点。

　　斯特罗多夫斯卡到车站来送别女儿，对女儿千叮咛万嘱咐。当火车缓缓开动时，玛丽把身子探出窗外，紧紧握住父亲的手。

"爸爸，您要多保重！"

"你也一样，玛丽。"

斯特罗多夫斯卡先生跟着火车跑了几步，终于依依不舍地放开了玛丽的手。

火车开动了，外面是白雪皑皑的波兰原野。玛丽觉得自己孑然一身，离开父亲到人生地疏的异乡工作，不禁产生一种孤寂之感，眼泪滚滚而下。

她赶紧从口袋中掏出一块手帕，悄悄地拭去脸上的泪水，好像担心别人看到哭红的双眼一样，把脸侧向窗外。

那些熟悉的街景、屋顶以及教堂塔尖上覆盖着的白雪，都在随着火车的快速前进而向后飞驰，大地一片静悄悄的，好像沉睡了一般。

"我暂时要与可爱的故乡华沙说再见了。"玛丽心中暗暗地想着，心中又涌起一股离别的愁绪。

她的脑海中不禁又浮现出刚才月台上与父亲告别的那一幕；同时住在诺巴里普基街公寓的哥哥约瑟夫、姐姐希拉的影子，也在她的脑海中涌起……最后，她又想到了姐姐布罗尼娅。

"布罗尼娅，你此刻在巴黎做什么呢？生活很艰苦吧？啊，为了你，我一定要坚强起来。"

一想到布罗尼娅，玛丽就竭力勉励自己，不要太软弱了。

坐了3个小时的火车，又加上4个小时的雪橇后，玛丽终于来到了她即将担任家庭教师的布朗先生家中。

布朗先生一家算得上是当地的有钱人，他们的房子要比附近的房舍讲究得多，是一座老式的别墅，大而低的板屋，墙壁是灰暗的，显出一种沉闷的情调。

玛丽被安顿在二楼的一个孤寂的房子里，这个房间也让人觉得沉闷难受。这还不算什么，从玛丽的日记中，我们可以看出她在布朗家的那段生活是十分痛苦的：

> 我过的日子简直就像囚犯一般。即使对一个具有血海深仇的敌人，我们也不会让她住在连地狱都不如的地方。而且，布朗夫人对我真是太苛刻了。
>
> 布朗家完全是一副暴发户的作风，在物质享受上简直是挥金如土，但却斤斤计较我用的灯油等日常用品；家中用了5个像奴隶一样的仆人，却还不断标榜自己是人道主义者。他们的修养实在是够不上任何水准，还经常说别人的是非长短。
>
> 我住进这样一个家庭后，才了解人究竟是怎样的动物。真可悲，这是我来到这里的唯一收获。

对于年轻、纯洁、不知人间太多黑暗面的玛丽来说，这个家庭让她感觉一切希望都破灭了。更糟糕的是，对方居然连薪水也没有如约支付给她。

这样下去，布罗尼娅的学费怎么办？补贴家用的钱从哪里来？玛利觉得自己陷入了困境。

（二）

就在玛丽不知该何去何从的时候，玛丽的一个朋友写信告诉她，在距离华沙100千米外的一个名叫斯特基的小村里，有一位公爵打算请一位家庭教师，年薪是500卢布。

玛丽虽然很想去，但又想起斯特基那么遥远，不知要什么时候才能与家人见面，那将是多么寂寞孤单的生活啊！

不过，如果能去斯特基那种穷乡僻壤的地方倒也不错，能省下不少钱，并且远离城市，生活在森林、田园围绕的大自然中，不但心情开朗，还能趁机多读点书。何况，年薪也比较令人满意，这样就能多寄些钱给布罗尼娅了。

于是，玛丽再一次动身乘火车前往斯特基。

不久之后，火车便抵达了寒冷的乡间火车站。玛丽和几个乘客走出车站，又换乘雪橇，穿过森林，越过草原，进入了人迹罕至的小路。

周围是一片空旷，两个小时的路程仿佛已经走了五六个小时，玛丽不禁有点害怕。

最后，她终于抵达了斯特基村的兹基洛夫先生家中。这时，又冷又饿、疲惫不堪的玛丽已经半晌说不出话了。

她被带到屋里，兹基洛夫先生的房子远比玛丽想象的好。主人个子高高的，很和蔼；夫人也还算友好；旁边围绕着几个孩子，正瞪着大眼睛好奇地望着玛丽。

经过一晚上的休息，第二天清晨醒来，玛丽的精神总算好多了。她披上外衣，打开窗帘，向窗外望了望，不禁愣住了——外面的景色实在是太平常了！

在窗户的正前方是一座大工厂，高耸入云的烟囱正喷着浓浊的黑烟，污染了周围的一切。另外这里就没什么特别的地方了，没有田园风光，没有宽阔的牧场，也没有大片大片翠绿的森林，玛丽的美好憧憬已经有一半化为泡影了。

斯特基村的确没有森林也没有牧场，只有一大片望不到边的甜菜园。这是个专门制糖的小村子，秋天一到，农民们就会忙着收割甜

菜，然后用车运到糖厂进行加工。

糖厂也是用红砖砌成的，与乡间的景色也很不相称。那原本清澈见底的流水，也因为糖厂的污染而变得浑浊不堪。

兹基洛夫先生家拥有200亩甜菜园，也是糖厂的大股东。昨夜天黑，乍一看他们家还不错，但今早起来，玛丽才看清，他们的房子只不过是一座临时搭建的双层陋室，有点类似古老陈旧的别墅。不过，与周围散列的农家相比，这已经很不错了，而且房屋的周围还有绿色的草坪和花园呢！

兹基洛夫先生家一共有7个孩子，其中的3个男孩在华沙求学，还有一个刚刚6个月的小婴儿正被女管家看护着。3岁的男孩史迪斯正是调皮的时候，10岁的安吉则是个乖巧的小男孩，另外还有一个是女孩，名叫布兰卡，与玛丽同岁。

这个家庭虽然谈不上很有教育，但比起布朗先生一家却好多了。兹基洛夫先生体面而讨人喜欢，夫人的脾气虽然不大好，但也不算是个坏女人。玛丽那一路上都悬宕不安的心终于放下了。

玛丽的学生是布兰卡和安吉。每天，她要工作7个小时，4个小时教授安吉，3个小时则用来教布兰卡。除了教课之外，玛丽每天也会自修3个小时。

安吉是个很健忘的男孩子，这颇让玛丽头疼。幸亏他很乖巧听话，和玛丽处得也很不错。

布兰卡的学习情况比较让玛丽满意——她很聪明，而且也很好学。虽然她的年龄与玛丽一样，但对玛丽很尊敬，下课后，她还经常带着玛丽到村里散步，彼此就像好朋友一样，这也安抚了玛丽那颗寂寞的心。

不过，当逐渐习惯了这个家庭的生活之后，玛丽也发现了许多不尽如人意的地方。这时，她想起了父亲对她说的话：

"玛丽，世界上没有十全十美的家庭。你要学会适应任何环境，不断地忍耐、学习，才能发现真理。"

于是，玛丽终于忘却了所有的不满，决定在这里好好待下去。

（三）

在这个单调的小村子里，玛丽过着教读的生活。在寂寞的时候，她就写信给父亲、姐姐、同学和亲戚们。从他们的回信中，玛丽也可以了解家里的状况、朋友的消息，对孤寂的玛丽来说，这是最大的安慰与鼓励。

在给表姐亨莱特的信中，我们也可以了解到玛丽当时的生活状况：

……我到兹基洛夫先生家中已经有一个多月了，现在我已经适应了新的环境。直到现在，事情都还算顺利，兹基洛夫先生一家人也都不错，我和他们的大女儿布兰卡已经成为好朋友，这让我的生活也还算愉快。至于我的学生安吉，他不久就满10岁了，是个很听话的乖孩子，不过有些骄纵、散漫。总之，谁也不能要求别人都十全十美。

村里人都不读书，也不懂得思考，只是经常聚会，饮酒作乐，或者跳舞狂欢，所以这里每个女孩的舞艺都很精湛，但也相对地失去了乡下女孩淳朴、可爱的一面。说到青年男子，他们也很少有聪明的，跟他们谈论"实证论"、"劳工问题"，他们根本不喜欢听，恐怕以前也没有听说过。

不过现在，我觉得我的学生布兰卡小姐是一颗少有的明珠，她有着良好的判断力，而且了解人生。

兹基洛夫先生颇为守旧，但在村子里，他算得上是个比较有涵养的人了，所以我对他颇有好感。

我现在每天要工作7个小时，但不论多么忙碌，我在星期日一定会去教堂，绝不以头疼、感冒等作为借口，与神疏远。

平时，我不太与村里的人说话聊天。如果与他们谈起子女教育的问题，会被他们认为是好出风头。村里人都很缺乏知识教育，我经常向工厂的技师们借阅杂志，但依然觉得无法满足对知识的需求。

我现在最为迫切的希望，就是能够和朋友们交换新知识，不管一天一次，或者一星期一次都好。

从玛丽的信来看，她真的已经适应了兹基洛夫先生一家的生活，而且总体上还是比较满意的。最重要的是，这里的工资——500卢布比较高，这样，玛丽每月就能寄15—20卢布给布罗尼娅。一切似乎都在如愿以偿地进行着。

玛丽喜欢在村子周围散步，虽然村子的景色不算优美，但依然可以直接接触到大自然，体会大自然所孕育的那种永恒的美。不过，每次散步也有让玛丽难过的时候，那就是遇到那些浑身沾满泥土的穷人家孩子四处游荡的时候。他们几乎都是学龄儿童，但却没有一个上过学。

"孩子们，你们为什么都不上学呢？"玛丽问这些衣衫褴褛的孩子。

"上学？我们都不上学。"

"那么你们在家里读书吗？"

"读书做什么？"

孩子们以毫不在乎的口气回答玛丽的问话。

玛丽觉得很难过。回到家后，她马上就把这件事告诉了布兰卡。

布兰卡说，这里的孩子都从不上学，也不请家庭教师，很多成人也都不认字，自然也不会阅读报纸杂志，对祖国波兰的命运自然也是一无所知。他们只知道在农田里劳作，在工作之余聚会、喝酒、跳舞。

布兰卡的话让玛丽很震惊，也很伤心，她不禁对祖国波兰的未来焦虑起来。

在经过一番思想斗争后，玛丽终于决定与布兰卡一起商量如何帮助那些孩子，改善他们目前的状况，让他们了解波兰语言和波兰民族的美好。她对布兰卡说，自己想利用给她和安吉讲课之余，每天义务帮助那些孩子学习知识，教室就用她现在住的楼上的房间。

布兰卡很赞同，而且还热情地帮助玛丽，让她的愿望得以实现。

在得到兹基洛夫先生的允许后，玛丽招收了十来个农家孩子，每天免费教授他们2小时波兰文，这也让玛丽每天的工作更加繁忙了。幸好这些孩子的进步都很快，这给了玛丽不少安慰。

孩子们在认字之余，也学习一些算术知识，教室成了他们的乐园。这件事不久就在整个村落传开了，有些家长还会跑来看孩子们上课的情形，然后满心感动地回去。

后来，学生人数越来越多，狭窄的教室不够用了，玛丽只好把学生们分成两班制。因此，玛丽此时无论在精神上还是物质上的负担都增加了。

（四）

1886年12月，玛丽在兹基洛夫先生家中已经快满一年了。她在给表姐的信中谈到了她的"农民学生"：

我的农民学生现在已经有18个了，当然他们不能一起来，因为我应付不了，这样我每天要花费2个小时来教授他们。星期一和星期六，我和他们在一起的时间比较长，大约有5个小时，实在很辛苦。最近，他们都很用功，看到他们的成绩进步，我感到很高兴。

……

每天，我都忙得不可开交，我的全部精神都耗费在这些孩子身上了。想起以前那些同学们此刻正在巴黎、柏林或者斯德哥尔摩的大学攻读物理、数学、社会学时，我的心情实在难以开朗。不过，这种工作既不妨碍我尽我的职责，又能帮助别人，所以，我从这些孩子的学习进步中也得到了极大的快乐和安慰。

玛丽的一生都是这样，总是因为别人能够得到她的帮助而感到"快乐""安慰"，而且不计较自己的付出，当她19岁还是个贫穷的家庭教师时，她就是这样了。几十年后，她名震全球时，更是如此。她从来都没有在这条道路上偏离过，而且，当她的名气越大时，她的这种无条件的奉献精神就越是感人。

一年的时间很快就过去了，在这一年当中，玛丽除了恪守职责、努力帮助那些"农民学生"和按时寄钱给布罗尼娅之外，也从来没有忘记自己的梦想。她真是巴不得能够立即羽化升空，飞到她心中的圣殿，加入那些有幸在大学学习的众多学子行列之中去。

但现在她还不能，她必须还要在这个文化、精神的沙漠之地再待上四年！有时，她想到自己还要在这里待那么久，就不免心灰意懒，觉得这简直是无法达到尽头的时间间隔。

　　幸好，这种失望的情绪没有完全控制玛丽，只不过像海潮一样，有时来了，但很快又退去。玛丽不是个只会幻想的姑娘，她知道如何才能一步步地实现自己的梦想。所以在忙碌的工作之外，她也会利用一切时间埋头读书学习，为的就是能够积蓄力量，四年之后到圣殿去拼搏。

　　有时玛丽也会遇到难题，这时她就写信请教父亲，父亲总是尽他所能帮助这个身处乡下艰苦生活中的小女儿——这也是年迈而又为穷困所扰的父亲唯一能够帮助、鼓舞女儿的方式了。

　　通过这种信件来往，玛丽也受到了父亲的感染，逐渐将自己的兴趣和精力集中到物理和化学两个学科上。父亲一生都热爱物理、化学，尤其喜欢到实验室里进行各种实验，但俄罗斯统治者却竭力阻止波兰学生学习科学知识，实验室基本也处于关闭状态，这让父亲的一片热情根本无法实现。

　　虽然玛丽将更多的精力用来学习物理和化学，但也遇到了许多几乎让她丧失信心的困难。她在给表姐的信中写道：

　　　　我正在通过书本学习化学，但我发现效果甚微，至少我是这样认为的。因为没有实践的机会，没有做实验的地方，所以我没有任何办法……

　　通过这封信，我们也可以了解玛丽在学习中需要付出多大的努力，才能让她那基础浅薄的理化知识得以稍许提高；我们也可以想象，一个19岁的姑娘，孤身一人在穷乡僻壤孤军奋斗时，需要多么坚强的意志才能不被她所面临的一个个困难压垮。

　　不过，姐姐布罗尼娅的来信却给了玛丽更多的鼓舞和动力：

　　亲爱的玛丽，多亏你，我才能在这片自由的田地里学习。我真是个幸运的人，也真是对你不胜感激。

　　你以后一定要来到这个国家，那时由我来为你出学费。我期待着你的到来，也期待你能早日迎来那一天……

　　这封信给了玛丽很大的勇气和动力，让她继续在这里为明天的梦想而努力奋斗。然而就在这时，玛丽人生途中的一个重大而痛苦的考验正悄悄地向她走来……

第六章　返回故里

　　我们每天都愉快地过着生活，不要等到日子过去了才找出它们的可爱之处，也不要把所有特别合意的希望都放在未来。

——居里夫人

（一）

　　转眼之间，玛丽已经快20岁了，她美丽高贵，气质优雅，曾经卷卷的短发也长成一头迷人的金发；深邃的眼睛就像镶嵌在脸上的两颗宝石一眼，楚楚动人；身材也发育得越发高挑，有了成熟女性的曲线。

　　总是，这时的玛丽已经摆脱了孩子时的稚气，举手投足之间都散发出迷人高雅的气息来。

　　这一年的暑假，兹基洛夫先生的大儿子卡西米尔从华沙大学回到斯特基度假。他惊讶地发现，家里多了一位楚楚动人的家庭女教师，而且谈吐不俗，见识广泛，跳舞骑马样样精通，一点都不像那些乡下姑娘。

　　卡西米尔立刻被玛丽深深地吸引住了，并很快爱上了玛丽。

　　在这一年的农村生活当中，玛丽的工作虽然很忙，而且也强迫自己

拼命学习，但这里几乎没有一个人能够与她进行对等的、哲人式的谈话与交流，她有时几乎为此而焦躁不安。要知道，精神上的荒芜对一个有头脑、有追求的青年人来说，那是十分可怕的。

而现在，玛丽的面前突然出现了一位从华沙大学回来的大学生，是和约瑟夫一样的大学生！而且，他还住在华沙，与她的父亲、哥哥、姐姐和那些朋友们生活在一个城市，仅这一点，就足以拉近她与卡西米尔之间的距离了。

所以，玛丽也在不知不觉中将卡西米尔当成了自己的亲人和知音，经常与他在一起谈论各种文化和知识。

随着接触的增多，两个人的关系也日渐亲密，并很快坠入了情网，在彼此在眼中已经看不到别人的影子了。两个未经世事的年轻人像所有年轻人一样，将世界上的一切都理想化了，以为世界上的一切清规戒律都是为别人而设定的，绝对不会套到他们的身上，只要他们之间有爱情，就可以无忧无虑地生活在一起，共度地老天荒。

卡西米尔也考虑过家里的意见，但他觉得爸爸妈妈都很疼爱自己，一定不会让他为难，何况他已经成长为一个有知识、会思考人生的大学生了。而玛丽也天真地认为，兹基洛夫先生和夫人对她很尊重，虽然夫人的脾气不太好，但也是个好人。自己虽然穷一点，但从受教育的情况来看，他们两家也可以说是不分伯仲。

所以，卡西米尔和玛丽都对他们的爱情充满信心，并且确信一定可以顺利地向前发展，甚至商量着准备订婚了。

然而他们错了。当卡西米尔郑重地将自己心爱的玛丽带到父母面前，向父母表明他们准备订婚时，有着根深蒂固传统观念的兹基洛夫先生马上就对这门婚事表示了强烈的反对，甚至气急败坏地训斥道：

"我们绝对不可能允许你娶一个身份卑微的家庭女教师！"

兹基洛夫先生的夫人也几乎气得昏过去，她对儿子大声喊道：

"你应该清楚，这个姑娘身无分文，现在不得不在别人家找事情做。如果我们家的孩子与这样一个像女仆一样的姑娘订婚，别人是一定会笑话我们家的！这成何体统？"

生性懦弱的卡西米尔害怕了、退缩了。尽管他向玛丽委婉地、歉疚地解释了这一切，但玛丽的心灵还是受到了巨大的伤害，而且伤害她的人在智力上比她还要低，这更让她感到伤心和愤怒。

在这之前，玛丽还天真地认为兹基洛夫先生和夫人都十分尊重她，她也理所当然地承认和接受了这份尊重；而现在，她才明白，当这份"尊重"在触及社会最根本的等级制度时，那虚伪外表下的狰狞就会暴露出来。

就这样，玛丽纯洁无瑕的初恋，以一种意想不到的残酷方式宣告结束了。这对于一个身边没有任何亲人关怀的年轻女孩子来说，该是多么难过的一件事。尤其让她不能忍受的，是她所付出的那份真情以及与卡西米尔的海誓山盟，一转眼就灰飞烟灭了。就连美好的爱情尚且如此，还能有什么值得信赖的呢？

玛丽突然陷入一种心灰意冷的绝望当中，她在给表姐的信中写道：

……你要问我的前途计划，我现在就告诉你，我已经没有计划了，或者说，我的计划太普通，也太简单，根本不值得一提。我现在的生活就是得过且过，到了实在不能过下去时，我就向尘世告别。这个损失想必很小，而人们惋惜我的时间也一定很短，和惋惜许多别的人一样短。

……

一向坚强乐观的玛丽，在失恋的打击下变得消沉起来。

（二）

失恋让玛丽感到痛苦和耻辱，可她却只能选择忍耐和保持沉默。虽然她很想要离开这个让她伤心的地方，回到华沙的亲人身边，既可以远离让她触景生情的痛苦之地，又能在亲人的身边得到安慰，但为了每年那500卢布，为了让布罗尼娅能够继续读书，坚强的玛丽选择继续留下来，毕竟这里的工资还是相当可观的。

再想到别的地方找这么好的工作，不说不可能，但谁能料到什么时候才能找到呢？

玛丽不愧是一个坚强的姑娘，当那最痛楚的时刻过去之后，她马上调整自己的情绪，将失恋带来的痛苦深深地埋藏起来。

此后，她就像什么事也没有发生过一样，继续认真地辅导布兰卡和安吉的功课，并继续义务地教授那十几个"农民学生"。

一切又都恢复了往日的平静。

但是，在很长的一段时间内，玛丽都无法振作起自己的意志和信心。她似乎从失恋这件事中发现了自己的幼稚和无知，天啊，她竟然指望这些富人能够像她那样思考问题。

由此，玛丽开始将这种想法放大，结果她甚至怀疑起自己以前的计划来，觉得那些抱负、理想可能也是幼稚可笑的。

这种消极情绪就像麻醉剂一样，麻痹着她的神经。1887年的12月10日，她在给表姐的信中写道：

　　我的前途计划有限得很：我只想有一个自己的角落，能与我的父亲生活在一起……因此，如果可能的话，我会离开这里，不过还要过些时候才能行。我可以回到华沙，在一个寄宿学校里教学，再另外教些课赚点钱。这就是我全部的希望了，人生不过如此，没有什么值得过分忧虑。

　　如果玛丽真的按照这种想法生活下去的话，那么就不会有后来的伟大女科学家居里夫人了。对于一位自尊心强、智商很高的年轻姑娘来说，初恋因毫无理性的原因而夭折，打击也的确非同一般，但她最终还是从这场风暴中挣扎出来了，并慢慢从迷失中寻觅到了新的目标。

　　当玛丽在斯特基这个小山村经历身心的打击后，现在科学，尤其是现代物理学也进入了困顿时期，经典物理学上的困难一个接一个地凸显出来，但科学家们却找不到任何出路。一场激动人心的科学革命正在聚集力量，寻找新的突破口。

　　巧得很，玛丽也是在这个时候，经过一番痛苦的洗礼之后，正在恢复生机，聚集力量。当激动人心的科学革命到来时，玛丽以一个最活跃、最具力量的科学家身份，加入到这场改变人类认识的活动中去了，并且取得了辉煌的成就。

　　在枯燥的乡村又生活了大半年之后，第二年的10月25日，玛丽听说自己的好朋友卡佳订婚了，便抽空给卡佳写了一封回信：

　　　　亲爱的卡佳：
　　　　知道你订婚了，真为你高兴。
　　　　……说到我，我很愉快，并且经常用欢笑来掩饰我的不快。这是一件我已经学会了的事。……我度过了一段很艰难的日子，在回忆的时候，唯一能够安慰我的，就是不论怎么困难，我还是诚实地应付过来了，而且头依然昂得很高（你看，我在生活中还是没有放弃从前使梅耶小姐憎恨我的那种态度）。

卡佳，你会说我变得多愁善感了，不过不用担心，我绝不会陷入这种与我的天性很不相容的恶习之中，只不过我觉得自己最近变得很神经过敏而已。因为有些人尽力设法让我变成这样……

告诉你一个好消息，明年的5月，安吉就小学毕业了，我和兹基洛夫先生订立的3年合约也在那个时候到期。到时候，我们就又能在华沙见面了。等我到你身边后，你会发现，我还是像以前一样的快乐、自在……

从这封信中可以看出，以前那个机智、坚强和使命感极强的玛丽又回来了。她逐渐找到了自我，找到了往日的抱负和梦想。

玛丽每天计算着所剩不多的日子，默默地鼓励自己，一定要坚持下去，不要让任何事情打倒你！当然，她的天性也让她尽力完成她的职责，让她的学生学到更多的知识，获得更好的成绩。

新的一年——1889年，就要来临了。

（三）

玛丽在斯特基担任家庭教师期间，不但要寄钱给姐姐布罗尼娅，还要经常安慰父亲，免得年迈的父亲担心自己。但是，上天好像还要进一步对她进行磨炼，淬励她的心志。

原来，哥哥约瑟夫已经从医学院毕业了。他打算在华沙开设一家医

院，但由于缺少资金，只好先在乡间开了一个小诊所。

为了鼓励哥哥，玛丽经常在深夜完成自己的功课后，写信给哥哥，鼓励他继续到研究所进修。

而不久后，父亲斯特罗多夫斯卡也为了自己那些可爱的孩子们放弃了中学教员的工作。他想到距离华沙不远的利尼斯感化院担任院长，这份工作虽然比较辛苦些，但薪水要比做教员高一些。

1888年4月，斯特罗多夫斯卡先生正式上任了。

此后，斯特罗多夫斯卡先生每个月都会给布罗尼娅汇40卢布的生活费，玛丽因此也可以不用再寄钱给姐姐了。

这时，玛丽与兹基洛夫先生的契约期限也快要到了。她想，等这边的工作一结束，她就回到华沙去，与家人们生活在一起。

然而，意外的事情却出现了。

当玛丽接到父亲的信，说他已经转职后的数天，有一位贵族夫人找到玛丽。

"玛丽小姐，我希望您可以在这边的工作结束后，到我家来担任我女儿的家庭教师，时间是一年，好吗？"

这位贵族夫人是华沙一位富有的工业家的妻子。她是千里迢迢来到斯特基村的，一见到玛丽就感到十分投缘。

听了夫人的话，玛丽有些犹豫。她本来是很想回到华沙的父亲身边的，可是一年500卢布的薪水又充满了诱惑，因为钱可以帮助她尽早地去巴黎留学。

最终，玛丽接受了这份工作。

1889年4月下旬，玛丽终于离开了这个让她难过的小村庄，回到华沙了！3年多来，她做了无数次回华沙的梦，多少个夜晚，她从狂喜的梦中醒来，独自一人轻轻拭去眼角的泪水。如今，她终于能够回到华沙，见到父亲和哥哥、姐姐了，这怎么能不感到兴奋呢？

华沙的街景依旧，一切都是那么亲切、熟悉，仿佛在欢迎她返回来似的。

3年没有见到自己的亲人，久别重逢的喜悦笼罩着他们。这时，哥哥约瑟夫依旧听从玛丽的建议，继续在研究所研读医学；姐姐希拉已经订婚，现在正在拜师学钢琴。

玛丽一心惦记着父亲，所以刚到华沙的第二天，她就迫不及待地到感化院去了。

当她双脚站到院长室的门口时，顿时呆立了：3年未见的父亲苍老了许多，胡子、头发和两鬓都有了白霜，额头也增添了许多皱纹，一双眼睛也不再像以前那样炯炯有神了。

"爸爸！"玛丽激动地叫了一声。

"啊，玛丽！你终于回来了！"斯特罗多夫斯卡听到喊声，抬起头来，见到了可爱的小女儿，万分激动。他赶紧跑到门口，拉住玛丽的手。

"爸爸，您身体看起来不太好，怎么回事？"玛丽焦急地问。

"没事的，你不用担心，昨天晚上睡得晚了，今天看起来有点儿疲倦。"

玛丽知道，这是父亲的谎话。父亲面容苍老、憔悴，一定是太劳累了。

3年没见，父女俩既激动，又亲热，似乎有说不完的话。

终于，难得和父亲相处的一天又过去了。

在休息几天后，玛丽便再次离开华沙，前往新主人弗鲁卡斯家中担任家庭教师，期限是一年。

不过，这次离开时间并不长，而且弗鲁卡斯先生不久就与他的女儿到波罗的海的海滨度假，玛丽可以与他们一起返回华沙。

　　这是一份很理想的工作，不但工资不低，还能待在华沙。由于从去年开始，布罗尼娅的学费就由父亲承担了，所以现在玛丽就能自己存一些钱，作为将来到巴黎留学的费用了。

　　到1890年9月，在弗鲁卡斯先生家中的教师工作也结束了。至此，前后将近6年的家庭教师工作终于结束了，23岁的玛丽，将单调的乡村生活和弗鲁卡斯先生家浮华的生活统统扔在背后，回到她自己的家中。父亲那皱纹密布的脸上满露着笑容迎接她。他的小玛丽终于回来了，在她远赴遥远的法国之前，还可以陪伴他一年。

第七章　漫漫求学路

> 在成名的道路上，流的不是汗水而是鲜血，他们的名字不
> 是用笔而是用生命写成的。
>
> ——居里夫人

（一）

在赴法国留学之前，玛丽在华沙待了一年。在这一年当中，她不但重温了家庭的温暖，还有机会第一次进了实验室。

有一天晚上，斯特罗多夫斯卡先生语重心长地对玛丽说：

"玛丽，如果你以为在家守候着年迈的爸爸就让我感到幸福，那么你错了。爸爸的确很希望和你在一起，但是你的才华不允许你一直守护着我，而且，我也还没到那个年龄。如果能让你的才华好好发挥出来，我会更安心。现在，我唯一担心的，就是你到巴黎后可能会遇到一些难以想象的困难，而你也许还没有充分预料到这些困难的严重性。"

玛丽没做声，她只感到喉头发紧，鼻子发酸，眼睛里充满了泪水。

父亲又拉过女儿的手，轻声说：

"明年，你就要去巴黎了，布罗尼娅明年就能毕业了，她可以帮助你。不过在这之前，你应该做好一切准备，包括学习方面的。我的

年纪大了，头脑也生锈了，帮不上你什么大忙，因此，我帮你找了一个老师。"

"是谁？"

"是你的表兄约瑟夫·伯格斯基。"

伯格斯基是一位年轻的科学家，他领导着一个"工农业博物馆"。博物馆其实就是个简陋的实验室，因为俄国人不允许波兰人拥有自己的实验室，但不反对建立博物馆，所以为了掩人耳目，伯格斯基才将这个实验室取了个博物馆的名字。

伯格斯基也是一位爱国者，为了发展本国的科学事业，他积极鼓励年轻人努力学习科学文化知识。每到周末或晚上，很多年轻人都会来到这里进行科学实验。

第一次走进一所真正的实验室，玛丽的心情既激动又兴奋。尽管她对这里的实验仪器并不陌生，因为她从小就在父亲的书橱中看到过这些仪器，而且对它们很着迷，但是亲自动手用这些仪器进行科学实验时，她还是感到有些紧张。在书本上看到的知识再多，也都是纸上谈兵，只有经过实验的检验，才能真正地理解并掌握它们。

在这所实验室中，玛丽初步学习并掌握了实验的要领，体会了实验的无穷魅力。很多年后，玛丽还回忆说，她在实验方面的兴趣和爱好，就是从这所简陋的实验室中开始的。

不过，在进行实验时，也会经常遇到许多意外事故和十分棘手的问题，这就令遇到困难不肯罢休的玛丽很晚才能回家。每次，父亲都要等她回来后才肯睡觉。

有时，看到女儿回来后一脸的疲惫和沮丧，斯特罗多夫斯卡先生就知道，一定是实验进行得不顺利，或者失败了。这时，他就会告诉玛丽：科学的进步是由无数次失败铸就的，事实上，这个世界除了心理上的失败，并不存在什么失败。

当然，实验也会有很多次的成功。每当实验取得成功时，哪怕是一点小的成功，玛丽都会兴奋不已。那种愉悦的感受，足以让她所有的疲劳都烟消云散。

这种非凡的行径是常人难以理解的，只有领悟到真理的人，才能体会那种喜悦与兴奋，这也是令人更上一层楼的动力。

在"工农业博物馆"中所做的实验，与玛丽日后在巴黎所做的实验相比较，只不过都是一些基本的实验而已，但这却成为玛丽一生从事化学实验的起点。

日后的实验，使世人蒙受到无限的恩惠，这是玛丽当初不曾料想到的。

（二）

自从回到华沙后，玛丽的生活就变得充实而紧张起来。这种生活也终于将玛丽从6年多的"冬眠式"生活中彻底唤醒，强烈的使命感、求知欲令她激动不已。她很感激父亲给她想的这个好办法，让她能够有机会到实验室中体验科学研究的艰难和快乐。正因为有了这样的经历，她才对科学研究有了感性的认识，也才让她在这关键的时刻决定今后的去向。

这时，玛丽已经24岁了，她在给布罗尼娅的信中写道：

布罗尼娅，现在我需要一个确切的答复，你是否能够让我留在你的家中。现在，我可以到巴黎去了，我已经能够支付到巴黎的一切费用，如果你能供给我伙食而又不至于让你负担过重的话，请你写信告诉我。到巴黎去，可以让我的精神恢复平衡……但希望动身的

念头，又令我感到不安……今年夏天，我已经受到了残酷的折磨……

玛丽在信中所说的"受到残酷的折磨"，其实是指她与卡西米尔之间的关系的事。几年前在斯特基山村时，玛丽与兹基洛夫先生的儿子卡西米尔相恋，但由于兹基洛夫先生和夫人的强烈反对，卡西米尔屈服了，玛丽也只好将自己初恋的激情深深地埋在心里。

但是，卡西米尔似乎并没有放弃他们之间的感情，因此在玛丽回到华沙后，两个人在华沙继续交往着。玛丽认为，卡西米尔接受完了高等教育，就可以独立生活了，这样他们之间的恋情也许能够持续下去。但卡西米尔却仍然犹豫不决。

玛丽虽然深爱卡西米尔，但她的态度却傲慢自尊。如果卡西米尔是个勇敢的青年，两个人的恋情还有可能开花结果；偏偏卡西米尔是个优柔寡断的人，既不想放弃玛丽，又害怕他的父母。

于是，在1891年的9月，玛丽与卡西米尔最后一次谈了他们的未来时，卡西米尔依然重复着他说了无数次的犹豫和担心。这让玛丽彻底失望了，因此，她很绝情地对卡西米尔说：

"如果你没有解决我们关系的办法，我是不会把自己托付给你的！"

这一次，玛丽决然地终止了他们的关系，她要永远忘记这一件可笑的恋爱，不再受这种无谓和无望的"残酷的折磨"了。她决心到巴黎去，希望在科学的圣殿里丰富自己的心灵。

就在这时，巴黎的布罗尼娅也给玛丽回信了，她在信中说欢迎玛丽到巴黎，她可以帮助玛丽解决她的食宿问题。

这个消息让玛丽很兴奋，但同时又产生了新的痛苦，那就是她的积蓄并不多，加上父亲给她的一小笔款项，算起来除了旅费和缴纳第一年的学费外，便所剩无几了。

斯特罗多夫斯卡先生真是一位伟大的父亲。看到女儿为难的表情，他心里很清楚，于是他安慰女儿说，他现在已经不用再给已经成家的布罗尼娅寄钱了，以后每月就把40卢布寄给玛丽，让她不要再为钱的问题担忧。

在巴黎大学，一个月40卢布的生活费，这在当时是相当寒酸的生活。但是，玛丽永远都是个带着梦想的人，因此并未气馁，她决定去了后再慢慢想办法。

1891年的冬天，玛丽终于带着她简单的行李和满腔的梦想，登上了开往巴黎的火车。为了省钱，她选择了最便宜的四等车厢，而且为了节省开支，她把褥子、床单、毛巾和衣服等日用品全部都带齐了。

尽管天气冷得要命，火车里也没有暖气，行李也重得像石头，但玛丽年轻的脸庞上充满了光辉，眼睛里闪烁着热情和希望。多年来的梦想，她到巴黎求学的梦想，终于实现了！这种毅力的坚持是何等的不易啊！

后来，居里夫人的女儿艾芙对母亲的这次选择赞叹地说：

"她没有想到，绝对没有想到，她登上这列火车的时候，就是在黑暗与光明之间做出了最终的抉择，就是在无变化的渺小岁月与广阔生活之间做出了最后的抉择。"

卡西米尔的怯懦，成就了一位伟大的女性！12年后，这个在四等车厢中披着一件朴素的外衣，坐在自备的折叠椅上，用毯子盖住双腿取暖的年轻姑娘，即将登上科学界的巅峰，获得科学界最高的奖赏！

（三）

在19世纪，法国的科学可以说是傲视欧洲其他各国的。在法国高等

59

院校培养出来的科学家，都有着非常深厚的数学根基，这也使他们在近现代科学的发展中建立了卓越的功勋。

对于玛丽来说，巴黎永远是笛卡尔、拉普拉斯、拉格朗回、拉瓦锡等法国科学巨星汇集的地方。她到这里来，也是为了攀登那险峻的科学高峰，正如当年哥白尼到当时欧洲科学文化中心的意大利留学一样。

法国科学界的这些辉煌的过去和现在，就像一颗颗璀璨的科学明珠一般，无一不激励着玛丽。她就像航海者寻找北极星一样，将巴黎当成了她心目中的北极星……

一路的颠簸，载着玛丽和她的梦想的火车终于抵达了巴黎车站。玛丽拎起木箱，整理一下衣服，便步入了月台。

布罗尼娅接到妹妹来巴黎的电报，此时早已在月台上等候多时了。

"玛丽，你终于来了，欢迎你！"布罗尼娅边说边走上来拥抱玛丽。

"啊，姐姐，你好吗？好久不见了！"

这对5年多未见的姐妹激动地相拥而泣。

对来自华沙的玛丽来说，巴黎的一切都是新鲜的、令她惊诧的。尤其是巴黎的书店里，各种书籍琳琅满目，令玛丽叹为观止。在华沙只要一提起书名就会被捕的那些书籍，在巴黎竟然公开地摆在书店的书架上。

巴黎的马路宽阔洁净，路旁绿树成荫，成群结队的人们可以在街头自由漫步，大声交谈。在这里，也没有华沙城那种令人窒息的空气，任何来自世界各地的人们都可以自由地说自己国家的语言，过自己喜欢的日子……

这里拥有全世界无数的艺术家、科学家、留学生、观光客，甚至是流亡的政治家，形形色色的人，令玛丽惊讶不已。在巴黎，玛丽终于呼吸到了自由的空气。

　　布罗尼娅和先生卡基米尔带着玛丽来到他们在巴黎的家，先安顿下来，然后再考虑玛丽去哪所学校读书的事。

　　卡基米尔也是波兰人，以前曾是波兰贵族，从华沙学校毕业后，为了逃避战乱来到法国。他先在巴黎攻读社会学，中途又改读医学，因而结识了布罗尼娅。最近，他还荣获了博士学位，已经正式毕业了。

　　卡基米尔性格豪爽，喜欢说笑，而且他很有恻隐之心，每个星期一和星期四的晚上，他都会替一些贫病的人免费诊疗。纯洁而富有正义感的玛丽对姐夫的行为颇为赞赏。

　　在布罗尼娅家安顿下来后，玛丽就与姐姐商量，想进著名的索尔本巴黎大学读书。这所位于拉丁区索尔本大厦附近的大学是法国最为古老的大学，早在11世纪末，它就已经初具规模，当时取名为巴黎大学。

　　布罗尼娅和卡基米尔对玛丽的选择都很支持。

　　1891年11月3日，这是一个值得纪念的日子，24岁的玛丽终于进入索尔本大学理学院，成为理学院的一名正式学生。

有一次，一位美国记者寻访居里夫人。当他走到一个村里的一个渔家房舍门前，向一位赤足坐在门口石板上的妇女打听居里夫人的住处。当这位妇女抬起头时，记者大吃一惊：原来她就是居里夫人，完全是一副乡下农妇的样子。

第八章　不服输的女学生

　　我们应该不虚度一生，应该能够说："我已经做了我能做的事。"

——居里夫人

（一）

　　学院正式开课后，玛丽每天都早早地来到教室，坐在第一排的位子上，希望可以一字不漏地听清楚那些穿着黑色礼服的教授们讲授的每一句话。

　　玛丽的到来也让她很快成为班上同学关注的焦点，因为她有一个很难发音的波兰姓，而且衣着也十分土气。但玛丽并不在乎同学们对她的看法，她一心专注于功课，根本无暇顾忌这些芝麻小事。此时的玛丽，就好像一块干燥的海绵一样，对于知识的吸收简直到了狂热的地步。

　　在入学注册单上，玛丽是用法文写的"玛丽·斯特罗多夫斯卡"。但因为她的同学不会说"斯特罗多夫斯卡"这个很难念的字，而这个波兰女子又不肯让人随便叫她"玛丽"，所以她就很神秘地没了名字。

一些年轻人经常在走廊里遇着这个女子——衣服朴素寒俭，脸上的神情却沉静而严肃，头发柔软而光亮——他们都觉得惊讶，转过身来，彼此问着：

"这是谁？"

而回答总是空泛的：

"这是个外国人，她的名字长得简直没法儿念。上物理课时，她永远都坐在第一排，也不大爱说话。"

年轻人都用眼睛追随着她，直到她那优美的身影消失在走廊里，然后为她说上一句结论：

"美丽的头发！"

有很长一段时间，索尔本大学理学院的学生们只认识他们这个不与人交往的同学的金色头发和斯拉夫式的头。

给玛丽和同学们上课的都是一些老教授。这些老教授全是当代科学界的泰斗人物，他们是那样的诲人不倦，每堂课都讲得十分认真、努力，希望将自己的宝贵知识都传给下一代人。

在这些教授当中，有一位刚刚在彩色照相方面取得卓越成就的李普曼教授，他为同学们讲授物理学实验。

有趣的是，这位李普曼教授以前读书时并不用功，成绩也不好，他只注重学习他感兴趣的课程，结果就没有通过教师资格考试。但他在物理学，尤其是实验物理学方面有着出色的才干。最终在1883年，他被任命为物理教授，1886年又被任命为研究实验室主任。

李普曼教授讲课不但条理清晰，而且很有分量。他经常告诫同学们说：

"人的生命是有限的，但事业的进展却十分缓慢。"

玛丽听到这么富有哲理的话后，渴望进入科学殿堂的心情就更加迫切了。

李普曼教授也注意到，一个外国来的女学生总是坐在第一排，目不转睛地盯着他的一举一动，认真倾听他的一言一语，他能够感觉到，这是一个十分勤快好学的女学生。但是，他可能不会想到，这个女学生后来竟然比他还早3年获得诺贝尔奖！

大学的课程还是很深奥的，所以在刚入学的几个星期，玛丽就遇到了困难。

她的法文水平本来不错，可以应付日常会话和阅读普通的读物，基本也能听懂教授讲课，但有时却来不及记录教授们的重点讲解。而且教授讲课稍微快一点，她就跟不上了。

其次，玛丽的知识都是靠以前自学的，而且她大部分时间都耗费在家教上了。本来她以为，在华沙中学所学的，在女教师时代自己进修的，以及跟父亲通信往来的，再加上在"活动大学"做实验的心得和体会，进入索尔本理学院应该绰绰有余。但她零星得来的知识还是不能够代替巴黎公立学校毕业生所获得的系统教育。尤其是在物理和数学方面，她的底子很薄弱。

这些都令玛丽感到了惶恐，如果以这样的程度学习，怎么能顺利地拿到学位呢？

（二）

为了解决学习上遇到的困难，这个倔强不服输的姑娘开始加班加点地学习，以弥补自己知识的不足，力争尽快赶上教学进度。

每天课程一结束，玛丽就夹着课本匆匆地回到布罗尼娅家中，把自己关在小房间中埋头学习。巴黎那些举世闻名的景色和胜地，玛丽根

本无暇光顾。此时，她所有的心思和兴趣都在学习之中。

在刚来巴黎的这段时间，玛丽每个月的生活费用只有40卢布，每天只合3法郎。在繁华的巴黎，这点钱是微不足道的，就算是很节省，过下去也十分艰难。

所以，这段时间玛丽都是寄宿在姐姐家中，食宿方面都由姐姐解决。这虽然可让玛丽感到家庭的温暖，对初来巴黎的她来说大有好处，但也有让她感到不便的地方。

姐夫卡基米尔是个精力十分旺盛的人，活泼好动，喜欢音乐和交友。每天晚上，都有很多波兰侨民聚集到他们家来，大声地讨论当时的国际形势，还激动地高唱波兰歌曲。而晚上正是玛丽最看重的学习时间，可外面的争论声、歌声、钢琴声往往让她心烦意乱，根本无法安心学习。

有时候，姐姐姐夫还会邀请她加入到他们的讨论或活动中，并说这是帮助玛丽放松身心，缓解她学习时的紧张与压力。有一次，他还买了音乐会的票，告诉玛丽这是波兰歌唱家演唱的，一定要去看。玛丽只好舍弃一晚上宝贵的学习时间，与姐姐姐夫一起去欣赏了这次音乐会，而且的确为这位优秀的波兰歌唱家演唱的波兰歌曲而激动万分。

可是听完后，玛丽就后悔了，觉得这一晚上的时间没有用来学习实在是浪费。因此，玛丽以后就逐渐谢绝了姐夫的一切好意的邀请，她希望把一切时间都用在学习上。

1892年初，玛丽向布罗尼娅和姐夫委婉地提出，希望搬出去住。玛丽并不是不喜欢和姐姐姐夫同住，她只是很迫切地希望能有个安静的学习环境。何况，姐姐家距离学校较远，每天往返要2个多小时，马车费的支出也是一笔可观的费用。

布罗尼娅虽然对妹妹提出的要求很意外，她一直很想补偿妹妹这

么多年来对自己的帮助，但玛丽的话也不无道理。为了让玛丽安心学习，夫妻俩终于答应玛丽搬出去住了。

第二天，玛丽就在学校附近租了一间四楼顶层的小阁楼，那里离学校、实验室和图书馆都很近，而且也比较安静。利用假期，她将自己的东西搬到新住所，在这里安顿下来。

从此，玛丽就开始了独自一个人的艰苦生活。在这里，玛丽学习时可以不受干扰了，可是饮食就必须自理，生活费也因此而增加了。

当时巴黎的物价还算便宜，但一个月只有40卢布的玛丽要付房租，又要付伙食费、书费等，实在很难维持。

这是每一个到巴黎留学的波兰贫苦女学生的必经之路，她们大都是几个人合租一个房间，布罗尼娅在留学时也是这样度过的。但玛丽讨厌这种合租的方式，她想尽量拥有自己的空间，与其和同学朋友瞎聊，不如把这些时间用来多读一点书。

（三）

玛丽将自己的生活费用减到了最低限度，每天往来于学校和寓所之间也只靠走路，从不坐车，这样就省下了一笔交通费用。

为了节省时间，她每天几乎从不生火做饭，只吃涂黄油的面包和定量的胡萝卜、樱桃等生的蔬菜和水果，也用以降低生活费用。何况，她住在四楼的顶层，没有水和火，也没有灯，如果要做饭的话，就要把水和煤从一楼提到四楼才行，那样太累，也太麻烦了。

为节省灯油，每天天刚刚放亮，她就起床，带着书到学校的图书馆中去学习。课余时间，她也都泡在图书馆里，利用那里温暖又明亮的环境读书学习，直到晚上10点钟图书馆关门时才恋恋不舍地回家。

回到家里，玛丽还要继续温习，直到凌晨才疲惫地放下书本，上床休息。

小阁楼里冷得要命。为了节省煤炭费用，玛丽几乎不生炉子取暖，小房间简直就像个冰窖一样。

由于每天都将伙食费控制在3法郎以下，玛丽几乎很少有机会吃到肉食。高强度的学习，缺乏营养的食物，让她明显地消瘦下去。结果由于休息和营养都跟不上，玛丽患上了贫血症，有时从书桌前站起来，她就会感到头晕，有时躺在床上也会在朦胧中失去知觉。

玛丽并不在意这种极端贫苦的生活，对自己身体的这些不适也没在意。然而，玛丽高估了自己对生活的承受能力。

一天，玛丽拖着疲倦的身体回到顶层阁楼，由于饥饿，忽然晕倒在地上。幸亏那天有个同学来找她，看到玛丽晕倒，赶紧通知了布罗尼娅夫妇。

一小时后，布罗尼娅夫妇赶到了玛丽的阁楼，这时玛丽已经醒来了，脸色苍白，却还坐在书桌前准备第二天的功课。

卡基米尔赶紧给玛丽诊视了一下，确定她只是营养不良导致的体质衰弱。

卡基米尔扫视了一眼碗橱，一下子就明白了：碗橱中的餐具根本就没动过，茶壶里也仅剩一点水，房间内找不到奶油和面包，砂糖罐里也空空如也。

他连忙追问玛丽，玛丽见瞒不过去了，只好吐露了实情。原来她的生活费已经要没有了，从昨天晚上起，她只啃了一把小萝卜和半磅樱桃。昨天夜里，她又学习到凌晨3点钟，睡了4小时后，就起来去上课。回到家里后，她吃完剩下的小萝卜，就晕了过去……

布罗尼娅夫妇很生气，他们责备玛丽不应该自己搬出来住，更不应该这样糟蹋身体，他们马上把玛丽接回家里。

到家后，卡基米尔立刻叫布罗尼娅烹调了营养价值比较高的食物，如厚厚的烤肉、奶油炸马铃薯等，让玛丽好好补充营养。他还开了一些药让玛丽服用。

在姐姐家里住了三四天后，玛丽的气色好多了，但她还是想回自己的小阁楼去住。她向姐姐保证，以后一定不会这样了，她会照顾好自己的。

回到阁楼后，玛丽照样过着她以前那种斯巴达式的刻苦生活。

在坚持不懈的努力下，玛丽的成绩渐渐跟上来了，听教授讲课也不那么吃力了。而且，她的刻苦和智慧也很快得到了李普曼教授的赏识。李普曼教授请她加入一项研究工作，这令玛丽的信心倍增。从这后，她的学习劲头更足了。

4月，让玛丽痛苦不堪的严冬终于过去，温暖的微风开始吹拂着巴黎。

不久，夏天到来了，阁楼里又闷又热，房顶上的那扇窗子根本不起作用，倒是太阳照射的热气，让玛丽难以忍受。不过，这也没有影响玛丽学习的积极性，她反而更加努力学习……

又经过这样一年的艰苦学习，玛丽的成绩已经是突飞猛进了。

1893年的7月初，在一个闷热的日子，玛丽和其他考生怀着紧张而兴奋的心情步入考场，这是她等待许久的物理学学士考试。一般考生都觉得试题很难，但对于玛丽来说，这其实是相当简单的。

考试的结果出来了，玛丽以全班第一名的成绩通过考试，被授予了物理学学士学位。

这么好的成绩出来了，让玛丽高兴极了！而更令人高兴的是她马上可以准备回波兰了。她很想念离别两年的老父亲和家乡，想回华沙一趟，在充满温情的家庭中度过假期。

居里夫人一生都淡泊名利，有一次，一位报社记者前来采访这位科学家，想把她的事迹报道出去。而居里夫人却坚定地回答说："在科学上，重要的是研究出来的'东西'，而不是研究者'个人'。"

第九章　初识皮埃尔

我要把人生变成科学的梦，然后再把梦变成现实。

——居里夫人

（一）

贫寒的波兰人回家，都是有一定的规矩的，玛丽都一一遵行了：她把床、火炉、厨具等都存放在一个夏天还在巴黎留着住所的同胞那里，退掉自己住的小阁楼。

接着，玛丽计算一下还剩多少钱，又到一家大商店里买了点小摆设和一条围巾，然后便登上了返回华沙的火车。在2000千米之外，在铁轨的那一端，有父亲斯特罗多夫斯卡先生、哥哥约瑟夫和姐姐海拉，有一个家，有可以吃饱的食物……这一切都让玛丽期待不已！

经过一路的奔波，玛丽终于回到了阔别两年的华沙，见到了父亲和哥哥姐姐们，大家都为玛丽的成功而兴奋不已。

一回到家中，玛丽的食欲大增，睡觉也觉得安稳了，脸色也一天比一天好，又回到以前的健康模样。

在家住了半个月左右，斯特罗多夫斯卡先生就问玛丽下一步有什么打算。玛丽求知的野心很大，她还想继续读书，为自己今后的科研工作打下坚实的基础。可是，她怎么能再向父亲说这种不近情理的话呢？父亲为了支持她读书，连一些老人应该享受的愉悦都放弃了。现在，她自己的存款也用完了，拿什么继续去留学呢？

所以，玛丽就对父亲说：

"我想留在华沙，不想再回巴黎了，数学学位考试就算了。"

父亲其实也希望玛丽留在自己身边，而且他也是真的不忍心玛丽再到巴黎去受那种炼狱般的痛苦。但是，父亲又很清楚玛丽的心思，她是个有追求有梦想的女孩子，怎么会心甘情愿地放弃继续读书呢？

然而，他又实在没有更好的办法，他年纪大了，没有继续供玛丽读书的能力了。想到这里，斯特罗多夫斯卡先生又感到有些难过。

就在玛丽准备放弃再去巴黎的希望时，奇迹出现了：她在巴黎读书时结识的好朋友迪金斯卡小姐为她争取到了一笔600卢布的"亚历山大奖学金"。

"亚历山大奖学金"是专门为那些在国外学习成绩优秀的学生设立的，可以让他们在国外继续深造。玛丽曾经将自己的身世和理想告诉过迪金斯卡小姐，没想到迪金斯卡小姐居然写信帮助玛丽申请了这个奖学金。

有了这笔奖学金，玛丽就可以在巴黎度过15个月，直到拿到数学学位为止。这个消息简直让玛丽太高兴了！

还有一件让人意想不到的事——几年之后，玛丽替政府做一种专门的研究，她从最早得到的报酬中节省出600卢布，将其寄给亚历山大奖学金委员会的秘书。这可是破天荒的事情，因为委员会的纪录中从没有过这样的事情。

其实，玛丽在接受这笔奖学金的时候，就是把它当作对她的信任的证据，当做信用的贷款。在她那坚毅的灵魂中，她觉得把这笔钱留得太久是不诚实的，因为这笔钱此刻也许可以成为另外一个贫寒的青年学生的救命钱。

父亲看到玛丽获得奖学金后欣喜若狂的样子，也不再阻止她，任由女儿去追求自己的梦想。

1893年9月初，玛丽再一次返回巴黎索尔本大学理学院。这一次，她只攻读数学，因此也有了一些时间去兼任家教。

她的学生是该大学的法籍同学，知识功底很不错，因此玛丽只用她过去所学的知识来教授他即可。

此外，她的老师李普曼教授还介绍她到法国工业振兴协会去进行研究工作。在那里，玛丽努力勤奋地研究协会指定的"关于各种钢铁的磁性问题"。

当时，法国的钢铁和机械工业正发展得如日中天，十分迅速，如汽车工业、电力工业、铁路运输业等等。而且，世界各国对钢铁的需求也日益增加，美国通用电气公司成立了，西伯利亚铁路开工了……这一切都提高了对钢铁的需求和对高品质的要求。

然而，钢铁的磁化现象却十分严重，这严重地阻碍了机械工业的发展。于是，法国工业促进协会才委托李普曼教授研究这个重要的课题。

当然，玛丽也希望可以通过研究成果获得一定的酬金，以偿还她第二次来巴黎时的助学金。

不过，研究工作却比玛丽想象的困难得多。而且还有一个困难，就是没有实验室供她使用。李普曼教授虽然有实验室，但没有合适的地方让玛丽来进行实验。

就在玛丽感到为难的时候，上天再一次眷顾了这个聪明勤奋的姑娘。

（二）

正当玛丽为没有实验室而犯愁时，有一天，瑞士福利堡大学的一位

物理学教授科瓦尔斯基来到巴黎进行学术访问。

科瓦尔斯基也是波兰人，曾在斯特基村和玛丽见过面，因而对玛丽很熟悉，也很关心她的学习情况。这次科瓦尔斯基来巴黎，听说玛丽也在巴黎时，他特意找时间来看望玛丽。

玛丽对科瓦尔斯基的到来既感动又兴奋。当她将自己的困难告诉科瓦尔斯基后，他为玛丽想到了一个办法：

"我认识一位在理化学校工作的年轻教授，他是一位很出色的物理学家，而且乐于助人，富有同情心。我想，他一定愿意帮助你。他的名字叫皮埃尔·居里。"

"皮埃尔·居里？"

玛丽第一次听到这个名字，所以便很用心地记了一下。

"是的。我看，你们明天先见个面再说。明天晚上你到我的住所，我将他也叫来，你们可以当面谈谈，可以吗？"

"谢谢您，教授，明天我一定按时到。"玛丽当然同意这个建议了。

第二天晚上，玛丽第一次见到皮埃尔·居里。他穿着一件肥大而过时的衣服，瘦高的个子，棕色的头发下面是一张温和而深沉的脸，他的眼睛炯炯有神，显现出他具有罕见的才智和独特的个性。

后来，居里夫人在自传中这样描述了她与居里第一次见面时的情形：

"我走过去的时候，皮埃尔·居里正站在一扇对着阳台的落地窗前。虽然他那时已经35岁，但我却觉得他很年轻。他那明亮有神的目光和修长的身材以及潇洒不羁的风度，给我留下了很深的印象。而他那略显迟缓而审慎的言谈以及他的质朴，他的庄重而又明朗的微笑，都给人一种信任感。我们开始交谈，而且很投缘。谈话的话题都是一些科学问题，我很乐于征询他对这些问题的看法。"

皮埃尔比玛丽大8岁，1859年5月15日出生于巴黎。他的父亲是一位

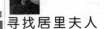

医生，在赚钱养家的同时，还很喜欢进行各种科学研究，经常在巴黎博物馆的实验室做一些医学研究。

皮埃尔很小就喜欢独立思考，而且喜欢幻想。居里医生很懂教育心理学，因而知道皮埃尔如果到学校读书，一定不会是个好学生，相反，这还可能损坏他的天赋和智慧。于是，居里医生就为皮埃尔请了一位家庭教师，对他进行兴趣教育。

这种教育方法很有效，皮埃尔18岁就成为理科学士，19岁时便成为索尔本理学院的一位教授的助手。

1880年，皮埃尔与哥哥雅克·居里一起研究发现了晶体的"压电效应"，即某些不对称的晶体（如石英、电气石、酒石酸钾钠等）在外加压力作用下，因极化而使其两端表面出现电势差的现象，这是"正压电效应"。

后来，他们继续进行这一实验，又确定了产生压电效应的条件和变化规律，并于次年发现了这一效应的逆效应，即"逆压电效应"。

另外，他们还根据压电效应制造出了非常精密的静电计，用以准确地测量十分微小的电量，这种静电计被称为"五电石英静电计"。

此后，皮埃尔还有许多卓越的发现，如居里精密天平、居里温度、居里定律等等。

与玛丽相识时，皮埃尔已经有很高的声望了，但他却依然单身一人。之所以如此，皮埃尔曾在日记中这样写道：

> 女人为了生存而喜爱生命的程度，远胜过我们男人。天才的女人是稀有的，一般说来，对于一个严肃的科学家来说，女人是一个绝对的障碍。

然而，当他见到玛丽后，他惊喜地发现，玛丽就是那个"稀有"的女人。玛丽询问了他许多科学上的问题，他对这个女子强烈的求知欲和理解力感到十分惊奇。当时，他正在研究关于结晶的定律。他用许多专业术语和复杂的公式与玛丽讨论结晶学上的问题，玛丽不但能够正确理解，甚至还能参与其中，与他一起讨论，这太令他惊奇了！

（三）

皮埃尔与玛丽很愉快地谈起了彼此都十分感兴趣的科学研究问题。可能是玛丽不耻下问的学习态度，令皮埃尔感到轻松、愉悦，并产生了一种尊敬感。这个在女性面前很少说话的人，现在居然侃侃而谈。就连皮埃尔自己都很奇怪：他，一位专心于科学研究的学者，竟然在一位年轻的女性面前大谈艰深的科学研究问题，而且还那么郑重其事！他感觉有些荒谬，但仍然很愿意说下去。

当玛丽端起杯子喝水时，皮埃尔发现她的手指变了形。皮埃尔很清楚，这是被实验室里的强酸灼伤了。他被深深地感动了，于是突然改变了话题，问玛丽：

"您要住在法国吗？是住一段时间，还是永远住在这里？"

玛丽被这个突如其来的问题问得有点发懵，她迟疑了半天，才回答说：

"今年夏天考试结束后，我就准备回华沙了。我想等到秋天再来巴黎，但不知道能不能做到。将来，我要在波兰当教师，波兰人没有权利抛弃自己的国家。"

就在这时，科瓦尔斯基教授也加入到他们的谈话中来，三个人便谈到了波兰的屈辱和他们每个人义不容辞的责任。

皮埃尔发现，当谈到波兰时，玛丽的情绪变得很激动，认为自己对波兰的复兴和发展有着不可推卸的责任，这让皮埃尔感到有些不理解。这位在一个自由国度成长起来的学者，认为科学家唯一的责任就是关心科学事业，一切与科学无关的事情都与自己无关。可是，聪慧而天赋很高的玛丽小姐却在思考着科学之外的事情，是想去阻止沙皇的暴政。

不过，皮埃尔还是很愿意继续与玛丽保持往来，而且他惊讶地发现，自己对玛丽已经越来越迷恋了。

有一次，皮埃尔正好出版了一本《论物理现象中的对称性物理》，于是就在扉页上工工整整地写道：

"著者皮埃尔·居里以尊敬和友谊赠送给斯特罗多夫斯卡小姐。"

然后，他便以送书为托词，到李普曼的实验室去找玛丽。

在李普曼的实验室，皮埃尔看到玛丽正穿着宽大的布衣，安静地低着头做实验，他对她更是产生了敬慕之心。

皮埃尔的礼物得到了回报：玛丽允许他到自己的小房间去做客。而当皮埃尔看到玛丽的住所那么狭窄简陋时，心里很不是滋味。他本人一向也不追求什么物质享受，但他没想到玛丽的生活居然这样贫困。于是，他很惊讶地问玛丽：

"你都是怎么生活过来的？"

"啊，我每个月有100法郎的生活费，每天可以用3法郎……"

"一个月100法郎？天啊，这么一点钱怎么够您支付房租、伙食的？"

"事实上我的生活并没有那么糟糕。我几乎每天都在实验室里，或者去大学听课，晚上我会去图书馆，待到10点多才回来。因此，我只需要很少照明用的煤油就可以了……"

虽然皮埃尔还是不太能理解玛丽的生活，但他很清楚，玛丽具备一种了不起的信仰和信心，她是一位了不起的女性，令人肃然起敬。

第二天，皮埃尔就带着玛丽找到理化学校的校长苏其伯卡先生，请求让玛丽在自己的实验室中做一些实验。校长很爽快地答应了他的请求，因为校长对皮埃尔先生很尊敬，也很器重。

于是，玛丽就搬到皮埃尔的实验室去做实验了，并开始与皮埃尔朝夕相处。久而久之，两个人的友谊也开始向爱情的方向转变。

1894年5月的一天，皮埃尔带着玛丽去见了他的父母，他们都很喜欢玛丽，并且很高兴儿子终于找到了一位"了不起"的姑娘。

在皮埃尔家中，玛丽惊讶地发现，这个家庭与她的家庭有许多相似之处：两个家庭都重视文化，重视对科学知识的追求，都热爱大自然，都有和睦的家庭，也都有家庭成员间的尊敬、睿智的谈话……玛丽很喜欢这个家庭。

这年7月，玛丽再次以优异的成绩取得了数学学士学位。而且，她还完成了法国工业振兴协会的研究，并获得了一笔酬金，因而也顺利地偿还了那600卢布的助学金。

现在，玛丽该回华沙了。

第十章　幸福的结合

体操和音乐两个方面并重，才能够成为完全的人格。因为体操能锻炼身体，音乐可以陶冶精神。

——居里夫人

（一）

玛丽离开巴黎时，皮埃尔送她上火车。临分手时，他郑重而深情地对玛丽说：

"你要答应我，10月份一定要回来。答应我，留在波兰就不能继续搞研究了，你现在没有权利抛弃科学。"

玛丽的心里很乱，她不知该如何回答皮埃尔。

"我……我也不知道能不能答应你。"

"我有信心，你一定会回来的，巴黎的实验室需要你，还有我……"

最后的几句话，被火车的汽笛声淹没了。皮埃尔向玛丽依依不舍地挥挥手，火车启动了，皮埃尔有些怅然若失。

皮埃尔说得没错，巴黎的实验室的确很需要玛丽，日后她也为法兰西共和国，当然也为波兰，增添了无上的光荣。

回到华沙后，看到久别的女儿，父亲十分兴奋，他迫不及待地问玛丽：

"玛丽，我的女儿，你终于回来了，我等了你好久了！以后你就不用再到别的地方去了吧？"

看到父亲欢天喜地的样子，玛丽实在不知道怎么告诉父亲自己和皮埃尔的事。

但是，她的耳际仍然回荡着离别时皮埃尔的叮咛：

"玛丽，你一定要回巴黎来……"

怎么办呢？玛丽感到很为难。

在家里休息了几天后，有一天，父亲对玛丽说：

"今年夏天，我们一起出去旅行吧！"

这是一次期盼很久的旅行，父女二人一路上都很兴奋和快乐。与此同时，皮埃尔的书信也锲而不舍地跟随着玛丽的行踪：

> 亲爱的玛丽：
>
> 接到你的信是最令我感到雀跃的事。我相信，这次旅行也一定能让你身体健康、精神愉悦；我也相信，秋天你一定会来巴黎。
>
> 如果你真的返回巴黎，这不是我一个人的幸运，也是你自己的福气。因为在巴黎，你可以更加深入地钻研学问，为社会做出一番有意义的事业。
>
> 皮埃尔

看到这封信后，玛丽也颇有同感，因为她实在太想进行科学研究了。但是，要追求学问，就必须离开华沙，离开父亲。一想到父亲，她又觉得很舍不得。

其实，父亲早就从布罗尼娅的来信中了解了玛丽与皮埃尔的事。皮埃尔生长在一个很高雅的家庭中，兄弟们都是一流的学者，而皮埃尔个人也是十分卓越的物理学家，应该能够成为玛丽的好伴侣。

因此，在旅行结束后，父亲就试探着问玛丽，是否有什么事在瞒着他？

玛丽沉默了一会儿，然后很不安地对父亲说：

"请原谅我，爸爸，我实在不知道如何跟您谈这件事，因为我如果与皮埃尔结婚了，我就要离开华沙，在巴黎定居，这会让您很失望的。"

没想到，父亲却十分支持玛丽的做法，他说：

"我了解你的心情。你定居巴黎，我是会孤单一点，但你也是为了研究学问，爸爸不会反对你这样做。至于皮埃尔在物理学上的成就，我也知道，我怎么会反对你们结婚呢？爸爸很赞成你们的婚事。"

多么宽容的父亲，多么伟大的亲情，玛丽的泪水几乎快要夺眶而出了。

1894年10月，玛丽再次回到了巴黎，皮埃尔亲自到车站去接她。

1895年是皮埃尔的双丰收之年。这一年，皮埃尔完成了他的博士论文《在各种温度下物质的磁性》，而且论文顺利地通过了，而后他立即就被任命为理化学校的教授。

第二件喜事，就是在7月26日，玛丽经过一年多的迟疑和思考，终于答应了皮埃尔的求婚。

（二）

皮埃尔和玛丽的婚礼是在巴黎的西奥里镇行政总署小礼堂中举行的。皮埃尔的父母、布罗尼娅夫妇以及专程从华沙赶来的斯特罗多夫斯卡、希拉、约瑟夫，还有皮埃尔的一些同事和朋友参加了他们的婚礼，共同见证了这一对新人的幸福时刻。

婚礼没有香槟，也没有热闹的聚会，礼物也只是两辆用表亲的礼金购买的崭新的自行车。当然，还有亲人们最为真挚的祝福。

新婚过后，两人便决定出去旅行，交通工具就是那两辆自行车。1895年底，皮埃尔和玛丽夫妇带着几件简单的衣服和两件长斗篷以及面包、水果、干酪等，便开始了逍遥自在的自行车之旅。

一路上，他们欣赏了法国乡间的花花草草，呼吸着乡间清新的空气，累了，就找一块干净的草坪，铺上斗篷，来个简单而又不失浪漫的野餐。晚上，他们就找一间便宜的乡间旅馆，休息一下疲惫的身体，第二天继续兴高采烈地出发。

皮埃尔十分热爱大自然，作为一名科学家，他的视野不仅仅局限在实验室里的天平和试管等没有生命的仪器上，对大自然中那些活蹦乱跳的小动物，他同样充满了好奇心。

天气晴朗的时候，夫妻二人就把自行车寄存在农夫家里，然后走着去一些弯曲泥泞的小路。有时，他们还会改变一下路线，换换视野，发现另一番景象……

1895年的夏天很快就在这幸福而愉快的旅行中结束了。10月份，两人从乡下度假回来，租下一栋公寓的五楼住了下来。

此后的每一天，皮埃尔就到理化学校授课，玛丽则到实验室工作。傍晚下班后，两人便携手并肩地一起回到家中。

他们的房间里，也只有一张床、一个书架、两张桌子和两把简陋的椅子，除此之外什么都没有。因为玛丽认为，不必要的东西就不要买，多一件家具，就多费一番收拾整理的工夫，读书学习的时间就会相对减少了。

皮埃尔也支持玛丽的做法。的确，家具简单也有好处，那就是来客人时没有椅子坐，因而也绝对不会久留，这也是打发闲客的好办法。

有一天，皮埃尔的父亲来到他们家，看到屋子里简陋的家具，就对他们说：

"你们都需要什么，请尽管说，我会给你们买来当新婚贺礼。"

玛丽把自己的想法告诉公公，老居里觉得有点儿不可思议，但对他们节俭的生活方式也感到很满意。

当时，皮埃尔的月薪只有100法郎，但对于勤俭持家的玛丽来说，这些钱已经足够家庭支出了。但是，玛丽平时却需要购买大量的参考书，这样一来，生活就显得拮据一些。为了贴补家用，玛丽便开始参加中学教师的资格考试。

此时的玛丽，不但是个普通的家庭主妇，而且可以说是身兼数职，她每天必须要做饭、洗衣、打扫，还要做实验，为了参加中学教师资格考试还要牺牲休息时间学习……时间每天都排得满满的。

开始时，玛丽为做饭这件事深感头痛，因为她对烹调简直是一窍不通。但现在结婚了，就不能每顿饭都将就凑合，于是，玛丽便经常抽空到姐姐布罗尼娅家中学做菜。但烹调技术却不是容易速成的。幸好皮埃尔对饮食也不在意，他甚至不知道玛丽瞒着他专门抽空去学习烹调。

不过，不管家务多么忙碌，玛丽都没有放弃研究工作。每天吃完晚饭，收拾好家务后，她就开始抓紧时间读书学习，一刻也不放松。夫妻俩常常是面对面而坐，在油灯下准备功课。油灯通常都会点到夜里12点以后，甚至有时凌晨两三点钟还亮着。

（三）

1896年8月，玛丽又以第一名的成绩通过了教师资格考试。皮埃尔高兴地说：

"恭喜你，玛丽。我们怎么庆贺一下吧。打算去哪里玩玩？"

"一起骑车出去兜风吧！"玛丽兴奋地说。

于是，两人快乐地骑着脚踏车到高原地区玩了一趟。虽然平时很忙碌，但他们还是不忘经常到美丽的大自然中去呼吸一下新鲜的空气，放松一下紧张的身心，然后在大自然的抚慰之下，重新恢复研究创新的活力。

旅游结束后，玛丽便在苏其伯格的支持和帮助下，在理化学校谋得了一个职位——这样她就可以与皮埃尔一起在实验室里工作了。

这年年底，玛丽怀孕了，皮埃尔十分高兴，此后对玛丽更是关心，担心她累坏了。但玛丽却不愿意放下自己的研究工作，依然夜以继日地进行科学研究。

1897年夏，玛丽在怀着身孕的情况下，完成了论文《淬火钢的磁特性》，这显然是李普曼教授以前的那个课题的研究方向。

这个研究告一段落之后，玛丽便面临着两个大任务：第一，她要当妈妈了，9月12日，玛丽生下一个可爱的女儿，皮埃尔为她取名为伊琳娜；第二，她需要重新寻找一个合适的博士论文研究课题。

相对来说，恐怕第二个任务更艰难一些。因为对于科学研究人员来说，选择一个正确的研究课题十分重要。有人甚至说：研究方向选择对了，就成功了一半。这话说得颇有道理。

幸运的是，玛丽和皮埃尔处于19世纪末20世纪初，正是激动人心的科学发展时期，许多有才干的人寻找科学研究方向并不算太难。

女儿出生后，玛丽的负担又加重了，她既要照顾丈夫、孩子，又要担负学者的重担，结果由于疲劳过度，她的身体逐渐虚弱。后来经姐夫卡基米尔诊断，玛丽患上了肺病。

这个消息让玛丽不免感到担心，因为她的母亲就是肺结核过世的。想起母亲，玛丽又是一阵难过。

卡基米尔劝玛丽休息一段时间，但玛丽的脑海里立刻浮现出母亲静养时瘦骨嶙峋的样子，因此她拒绝静养，决心以自己坚强的意志克服病魔。

玛丽请了一个奶妈在家里照顾女儿，自己每天依然坚持上班。但有时孩子身体出现不舒服时，玛丽便无心读书，不得不经常守在伊琳娜的床边。

后来，老居里看到儿子和儿媳太忙，就主动提出由他来照顾伊琳娜。老居里先生在伊琳娜出生不久后就丧妻过着鳏居生活。为了照顾伊琳娜，他就搬过来和儿子儿媳一起生活。

为了让家里更宽敞一些，皮埃尔又重新找了一所公寓搬了过去，那里不但空间大，光线也十分明亮。现在，这个家庭不但有一对年轻的夫妻，还有一个可爱的孩子和一个慈祥的爷爷，一家人共享天伦之乐。

家里有人帮忙照顾孩子了，玛丽便又萌生了着手另一项研究的想法，皮埃尔和老居里先生都很支持她。

此后，玛丽能够走过无限艰难的道路而迈向成功，并成为世界一流的科学家，也是因为有家人的照顾和勉励一直在支持、鼓舞着她。

第一次世界大战期间，当德国侵略军逼近巴黎时，居里夫人毅然走上了反侵略战争的战场。她在汽车上安上一套X光射线设备，用它来为伤者检测身体，帮助医生及时为伤者进行手术。士兵们亲切地称这种活动的X射线车为"小居里"。一天早晨，居里夫人乘坐的那辆"小居里"突然发生事故，跌入路旁的战壕里，居里夫人被摔昏了，她表示再也不敢开汽车了。可几周后，她却成了一名合格的司机，亲自驾着汽车从一个诊疗站跑到另一个诊疗站帮忙救治伤员。

第十一章　简陋的"实验室"

如果能追随理想而生活，本着自由的精神、勇往直前的毅力、诚实不自欺的思想而行，则定能臻于至美至善的境地。

——居里夫人

（一）

在19世纪的末期，当物理学家们正在为经典物理学的辉煌成就而欢呼时，当一部分科学家宣传物理学的大厦已经初步建成时，从1895年起，一系列从未预见的伟大发现突然迅速地涌现出来。

首先是1895年12月，德国物理学家伦琴发现了X射线；接着，法国物理学家贝克勒尔又在第二年，即1896年3月，发现了铀元素的天然放射性；1897年，英国物理学家J·J·汤姆逊又发现了电子……

这一系列的发现，在物理学家、化学家面前展现出了一个光怪陆离、变幻莫测的神奇世界。

关于贝克勒尔发现放射性元素的消息被报道后，并没有在科学家引起重视。而此时，玛丽正面临着一个重要任务，那就是选择博士论文的研究课题。

在实验室当中，皮埃尔是玛丽的指导者。经过研究大量的文献，皮

埃尔和玛丽获得了一个有丰富材料的研究题目，那就是放射性。

其实当时"放射性"这个名字还不存在，是后来玛丽为其命名的。科学家注意到放射性的时间也不长，自从伦琴发现X光线后，有位法国科学家曾研究过其他放射线，那是一种经日光映射而反射的"荧光"。

后来，法国物理学家贝克勒尔从精密的研究入手，考察了铀的化合物，发现了一种极其奇怪的现象：铀化合物并没有经过太阳光的照射，就会自动地放射出一种性质不明的光线。而且，它也不是荧光。因为像钡化合物之所以有光亮，完全是受光照射的缘故。而铀的放射光线，肉眼是看不到的，但若把它放在黑纸包里的照相干片上，它就能透过黑纸，在干片上印出一个影像。这种奇怪的"铀射线"，与X光线一样，能够使检电器放电。

这种放射性性质的来源在当时还是个谜，因为当时欧洲所有的实验室中都没有人研究"铀射线"究竟是什么东西。后来，贝克勒尔把自己的发现结果写成报告，交给法兰西科学博士院，也没有引起注意。

恰好这时，居里夫妇发现了这个课题，认为这是个极好的研究题目。尤其是玛丽，她觉得放射性在科学界中还是未经探索的神秘部分，需要她的努力。

虽然贝克勒尔只是发现了"铀射线"，研究报告也没有结果，但他的报告却成为玛丽研究的出发点。于是，玛丽立刻选择了铀的放射性现象作为题目，鼓起勇气，开始进行科学研究。

玛丽的决定可谓既聪明又大胆。首先，这个能量来源的问题十分棘手，用当时的科学概念几乎无法解释，可玛丽却偏偏选中了这种难度大、内容新颖的课题，没有大智大勇是不敢进行的。

其次，当时世界上还没有任何一个女人想要成为理学博士，玛丽也很清楚，要想与男人们建立起平起平坐的关系，她的论文就必须有独特的内容和实质性的科研成果。

再次，玛丽也许怀着一种又惊又喜的心情发现，贝克勒尔的重要发现尚未被人重视，几乎还没有人对其进行进一步的研究。因此，选这个课题进行研究，取得成功的机会也会比较大。

不过，困难也马上来到了玛丽面前，因为此类题目的参考文献太少，几乎一切都得自己从头干起。玛丽还发现，除了贝克勒尔在1896年提交的几篇学术报告外，就再也找不到其他的参考资料了。

1897年底，在皮埃尔的帮助下，玛丽在理化学校的附近找到了一间以前用于存放东西的小房间作为她的实验室。

刚开始启用时，这里到处都是厚厚的尘土，空气中还弥漫着浓重的霉气。这还不算什么的，最困难的就是：玛丽没有任何实验仪器。

不过，这些困难并没有难倒玛丽，她还是为能拥有一间属于自己的实验室而满心欢喜地说：

"好了，现在，我开始有了自己的第一个实验室了！"

（二）

玛丽把这个好不容易找到的"实验室"整理一番后，就开始着手购买各种实验仪器，并很快开始了她的研究工作。

这里没有暖炉，光线也不好，可以说是冬冷夏热。尤其是冬天，当玛丽感觉屋子里太冷的时候，她就在工作笔记上记下摄氏温度计指明的温度，如在1898年2月6日的记载是"温度6° 25′ "。

一到夏天，房间里的湿气也很重，这会对玛丽的病产生不良影响，而且也会影响电流计的准确性，但玛丽没有更好的选择。

在这里的生活给玛丽留下了很深的印象，此后她虽然换了许多实验室，但这里却是她进行实验的起点站，而且她研究的又是那么重要的课题，因此，她当时兴奋和满足的心情还是可想而知的。

德国化学家奥斯特瓦尔德后来参观了居里夫妇的实验室后，难过地说：

"在发现镭之后不久，经过我恳切的要求，才终于被允许去参观居里夫妇的实验室。我走进那个实验室，发现那竟然是一所既类似马厩，又像马铃薯窖般简陋的房子。如果不是工作台上摆放着一些化学仪器，我真会认为这是一个天大的恶作剧呢！"

在研究开始时，玛丽所做的第一个实验就是重复贝克勒尔曾做过的实验——测量铀射线的强度。

其实，贝克勒尔在发现铀元素的天然放射性时，就发现了它的3个效应：可以令照相底片感光、可以令气体电离、对不同物质具有不同的穿透力。

但可惜的是，贝克勒尔在发现新的辐射现象后，由于继续沿用照相法进行测定，而无法做出定量的分析，结果完全忽略了另外两种效应。

而玛丽的高明之处，就是利用了新放射性的电离效应，从而能够用补偿法测量出铀放射线的强度。

通过细致而耐心的测量，玛丽最终证实了铀射线的强度仅与铀化合物中铀的含量成正比，与化合物的组成无关，也不受光照、温度、通电等诸多元素的影响。这样，玛丽就进一步证实了贝克勒尔的结论：铀射线的发射是一种原子过程。

当玛丽精确地、定量地测定出铀射线以后，作为一名优秀科学家的素质在这时便充分显露出来了，而且越是进行深入实验，玛丽就越发感到铀射线所具有的非同寻常的性质，与以前任何的研究结果都大不相同，于是，她便在贝克勒尔止步的地方又勇敢地向前迈出了一步：

现在虽然只能观察到铀自动发射"铀射线",但并没有任何理由能证明只有铀元素才是唯一能发射出这种射线的物质,其他的元素能不能发射这种射线呢?如果贝克勒尔只是偶然在铀元素中发现这种射线,而因此就将其设定为只有铀元素才具有发射射线的性质,那未免有些以偏概全了。

于是,玛丽决定检查"当时所有知道的元素"。

她先找来几种矿石和化学物品,一个一个地进行实验。到1898年初,玛丽研究的初步结果证明:绝大多数材料的游离电流都小于0.3×10^{-12}安培,而沥青铀矿石可达到83×10^{-12}安培,氧化铁可达到53×10^{-12}安培。这样一来,玛丽就得出了结论:钍也是一种放射性元素。

由此说明放射现象并不只是铀的特性,其他物质也具有这种特性。那么,就要给这些物质所具有的这一特性一个科学的命名。玛丽提议,将这种现象称为"放射性"。而铀和钍具有这样的特性,就叫做"放射元素"——这是玛丽研究的第一点成绩。

(三)

经过一系列的研究后,玛丽取得了初步的进展,接下来,她就要弄清楚这种神秘的放射性来自哪里?

玛丽检查了所有的矿物,她知道铀和钍具有放射性,但一件意外的事情出现了:她在检查铀矿石,如铀沥青矿时,发现它的放射性要比纯铀的放射性大得多;再检查一种钍矿石,发现它的放射性也比纯钍大得多。

这是什么缘故呢?这种较大的放射性到底来自哪里?

玛丽对此得出的结论就是:在这些矿物中,一定有比铀和钍的放射

性大得多的元素。但是，这是一种什么元素呢？

在以前所做的实验中，玛丽已经检查过所有的已知元素了，除非——玛丽大胆地假定：这些矿物中还含有一种具有放射性的物质，它是现在还不曾知道的一种元素，是一种新的元素！

当然，这只是一个假定，只在玛丽的脑海中存在着。于是，玛丽就请李普曼教授代她向科学博士学院呈上她的研究报告，宣布在铀沥青矿石中，存在一种放射性极其强烈的新元素。

这篇研究报告发表于1898年的春天，也是玛丽研究的第二点成绩。

直到这个时候，玛丽还是要单独进行研究实验，皮埃尔只是随时注意她的发展，有时略微给予一些帮助和建议。而现在，玛丽所得到的结果性质太重大了，皮埃尔决定暂时停止自己在结晶学方面的研究，加入到玛丽的研究当中。

于是，在那间简陋而潮湿的实验室中，这一对终身伴侣用他们两个智慧的头脑，开始研究这种神秘的新的放射元素。

皮埃尔没有料到的是，他的这一"暂停"，竟然一直延续到他不幸去世为止。而他们的合作，也是人类科学史上最为美妙的一曲交响曲，至今对人们依然有着极大的感召力。

居里夫妇开始以放射性为基础，采用分步结晶这一新的化学方法，从沥青铀矿中分离出新的放射性物质。

1898年7月，夫妇俩开始联名发表文章。他们的第一篇文章题目是《沥青铀矿中的一种新的放射性物质》。

为了将不同的元素分开，就需要很好的实验设备，但他们却缺乏这样的设备，只好用"土法"进行，先用他们的静电计设备测定沥青铀矿矿石成分所具有的放射性强度，然后以此为线索，追踪放射性元素究竟隐藏在什么成分之中。这是极不容易找到的，因为铀沥青矿石的

成分是什么早已知道，那这种新元素一定是含量极其微小的，所以极缜密的定性分析也不曾发现它。他们估计，这种新元素在矿石中的含量至多不过百分之一。

几个月过去了，他们的辛苦没有白费，在这几乎与世隔绝的几个月时间里，居里夫妇终于将沥青铀矿中的所有成分都分离开来。让他们又惊又喜的是：他们发现了不止一种具有放射性很强的化合物，而是两种！其中一种是沥青铀矿中含钡的化合物，另一种则是含铋的化合物。这说明，他们推断合理的话，一种新元素就在含钡的化合物中，另一种则隐藏在含铋的化合物里。

两人又经过进一步的验证，证明在含铋的化合物中，铋的放射性并非来自于铋元素本身，而是混在铋内的一种极其微量的元素。经过反复分离试验，他们发现，可以通过用两种金属溶解度的不同来进行再分离。加水使铋盐溶解后，从首先沉淀下的渣滓中，就能找到放射性特别强烈的物质了。

夫妇二人怀着激动的心情，不断加快工作进程。终于有一天，他们在铋的化合物中找到了一种新的元素。

居里夫妇兴奋不已，几个月的努力终于没有白费。皮埃尔让玛丽来为这种元素命名，玛丽想了一会儿，她的心渐渐转向了已在欧洲地图上消失了的祖国波兰，于是，便提议将这种元素命名为"钋"，以纪念她那多灾多难的祖国。

玛丽不仅建议将这种新发现的元素命名为"钋"，还在和皮埃尔合作的第一篇论文在法国发表之前，就寄了一份给波兰的表兄。当时，玛丽正是在这位表兄领导的实验室中迷恋上自然科学和实验的。

后来，他们的论文差不多同时在法国和波兰发表。玛丽的这一行为，想必一定是想要让战争中的波兰人受到鼓舞，从而让他们在苦难

之中看到光明的未来！

　　然而，当居里夫妇将这一发现提交给法兰西科学院后，科学院却不予承认，这主要是人们的保守思想在作祟。

　　居里夫妇认为，用放射性方法检测、寻找新元素的方法是一种很有效的化学分析方法，这种方法比光谱学分析方法更为灵敏。然而，当时的人们对放射性了解甚少，因此不太相信可以再用放射性的方法来寻找新元素，认为只有用元素特征光谱才是确定新元素的唯一方法。因此，科学院也拒绝将放射性方法作为鉴别元素的依据。

　　此外，从化学角度来看，科学院还认为，钋的化学特性与铋十分相似，未必就是一种新元素。直到几年后，居里夫妇成功地提炼出纯净的钋盐，并得到了钋的特征光谱后，科学界才正式承认钋的存在。

第十二章　艰辛的探索

　　我认为我们应该在一种理想主义中去寻找精神力量，这种理想主义使我们不骄傲，而能使我们把我们的希望和梦想达到高尚的境界。

——居里夫人

（一）

　　在找到了具有放射性的钋元素后（虽然科学院暂时还未承认），居里夫妇便决定休一次假，作为对艰苦工作的奖励。

　　于是，两人乘坐火车，到法国南部的奥弗涅去旅行，呼吸大自然新鲜的空气，欣赏山川森林的美景。在实验室里呼吸了几个月的各种化学药品放出的难闻气味后，现在呼吸到如此沁人心脾的空气，真是一种难得的享受。

　　当然，流连于山野之外，居里夫妇依然没有忘记互相探讨新元素钋和另外一种等待他们去发现的新的放射性元素。

　　9月，两人又重新回到了他们的那间小实验室中，以更加积极的热情投入到继续寻找新元素的工作之中。

　　不过，这时发生了一件令玛丽感到难过的事，就是姐姐布罗尼娅和

95

姐夫卡基米尔准备回波兰去，他们在波兰南部的一个地方开办了一所肺结核病疗养院。与玛丽一样，他们也都时刻没有忘记自己的祖国，因而决定回到波兰生活，为祖国的人们贡献一份自己的力量。

玛丽虽然很舍不得姐姐一家，但心中仍为他们的爱国之心感到骄傲和欣慰。同时，这也更加坚定了玛丽的信心，一定要尽快找出这种新元素，为波兰人民争光。

1898年12月6日，法国的《论文汇编》上发表了居里夫妇的第二篇文章《论沥青铀矿中含有一种放射性很强的新物质》，这篇文章宣布：沥青铀矿里有第二种放射性化学元素存在。

下面是这篇文中的几行：

"……上述各种理由使我们相信，这种放射性的新物质中存在一种新的元素，我们提议为它命名为镭。

"这种放射性新物质的确含有很大一部分钡，虽然如此，它的放射性仍是很可观的，足见镭的放射性一定大极了。"

钋和镭的特性推翻了几个世纪以来科学家们所相信的基本理论，这一发现也动摇了全部已得概念，并与已经根深蒂固的物质观念相反。因此，物理学家对此都保持谨慎的态度。虽然他们对比埃尔和玛丽的工作都十分感兴趣，但还是要等得到决定性的结果出来之后再发表自己的意见。毕竟，现在钋和镭这两种元素还只存在于居里夫妇的研究报告中，它们究竟是什么样子，什么颜色，什么重量等等，谁都不知道。包括居里夫妇在内，现在还没有一个人看到过它们。

为了平息各方面的怀疑乃至反对意见，居里夫妇必须设法提炼出纯净的钋和镭，并且精确地测量出它们的原子量。因此，在此后的4年当中，居里夫妇进行了科学史上最为艰难的拼搏。

要从什么原料中才能提取出纯的钋和镭呢？这是居里夫妇首先要解

决的问题。因为沥青铀矿的价格很贵，而他们需要的量更是以吨来计算的，所以他们根本买不起。

不过，他们还是想到了他们的穷办法。沥青铀矿在提取了之后，其中所含的钋和镭肯定会原封不动地留在残渣之中，那么利用这些沥青铀矿或利用沥青铀矿的矿渣，对他们的研究目的来说都是一样的。矿很贵，矿渣应该不会那么贵吧？但这笔钱再加上运输费，还是他们微薄的工资无法承受的。

幸运的是，皮埃尔托奥地利的一位教授从圣约阿西姆斯塔尔矿那里免费搞到了一吨矿渣，矿方同意将贮存在一座松林中的沥青铀矿残渣免费送给居里夫妇。

这座矿山在波西米亚，从那里运到法国，也需要一笔不小的运费。居里夫妇只好从自己微薄的工资中挤出一些来，又借了一些，总算凑够了这笔运费。

不久后，矿渣运来了，问题又出现了：实验室太小，根本放不下这么多的矿渣！这时，苏其伯格教授主动出面，想帮助他们寻找一个合适的实验室。可是，没有一个学者愿意为这对贫困的学者提供帮助。

无奈之下，苏其伯格教授只好将学校院子中一个废弃不用的木板棚腾出来给居里夫妇使用，并且充满歉意地说：

"真是十分抱歉，虽然这个地方很不理想，但目前也只好如此了，总比没有强吧……"

这里简直太破旧了，玻璃屋顶已经残破得不能遮蔽风雨，地面上也没有地板，只有柏油铺着。棚子里有几张破旧的长桌子，一块黑板，还有一个生火的老铁炉。以前，人们曾把这里当做解剖室，而现在这个地方已经淘汰很久了，连放死尸都不配了。

但居里夫妇一点也没有嫌弃这里，因为他们没有条件考虑这些困

难，他们完全被一种为科学献身的精神所激励着。他们反而认为，这个被认为连放死尸都不合格的棚子有一个最大的好处，就是它那么破旧，那么没有吸引力，因此也绝不会有任何人不允许他们自由使用这里。

矿渣被一车一车地运到这个"实验室"来了，玛丽感到很兴奋，这些气味难闻的东西就是她眼中的宝贝。她带着好奇的神色，迫不及待地打开一个麻袋来看，里面是棕褐色的矿渣，还夹杂着波西米亚的松针。

于是，居里夫妇开始新的工作了。

（二）

居里夫妇在工作前经过一番探讨，做了比较精细的分工：皮埃尔的身体不太好，继续负责研究镭的特性；而玛丽则负责从矿渣中提取纯的镭盐。

每天，玛丽的工作是男人干都嫌累的重体力活，那就是每次要搬起20千克的矿渣（这是她能搬起的最多重量），将其倒入一个大锅中，然后用水加热，直至沸腾，再把这些沸腾的溶液从一个罐子倒入另一个罐子。

在提炼镭的过程中，需要加入硫化氢。而硫化氢是一种有毒的气体，那灼热的、有毒的、刺鼻的蒸汽每次都呛得玛丽剧咳不止，眼泪也不住地流……她根本没办法擦拭一下脸上的泪水，因为她得用双手抓住一根沉重的铁棒用力搅拌这些熔化后的矿盐。

由于没有风罩，他们只能将这道工序放到院子里露天进行。一旦遇到雨天，他们又得把实验设备搬到室内，然后把门窗全部敞开，保证空气流通，否则就会被刺鼻的气味和浓烟呛得无法继续工作。

搬运、点火、熔化、过滤、沉淀、倒出、再熔化……每天，居里夫

妇就像一个锅炉工一样，做着这种沉重的体力劳动。

他们在为世界最伟大的一次科学发现而工作，然而法国政府和科学部门却不肯给予他们任何帮助。居里夫妇真是感到累极了，玛丽曾在自己的自传中写道：

> 有时，我整天整天地用一根与我等重的铁棒，搅动那一堆沸腾的东西。到了晚上，我已经筋疲力尽，连动一下都不想动……
>
> 我们没有钱，没有实验室，而且没有人帮助我们把这种既重又困难的工作做好，真的好像要从无中创出有来。如果我求学生涯中的几年是卡希尔·德鲁斯基从前所说的"我的姨妹一生中的英勇岁月"，那么，我可以毫不夸大地说，现在，这个时期，就是我的丈夫和我共同生活中最英勇的时期。

这真是人们永远都不能忘记的"英勇时期"！居里夫人后来回忆起这段逝去的艰苦岁月，总说它是"我们生活中最美好的几年"。

然而，现实也向他们展示了极其残酷的一面，美好的理想有时也会对残酷的现实无能为力。皮埃尔开始感到腿部和全身疼痛，有时连起床和行动都感到困难。后来经医生检查后诊断，他患上了关节炎，是由棚屋的潮湿环境造成的。

玛丽就更惨了，面无血色，浑身无力，整天都昏昏沉沉的，老居里担心她患上和她母亲一样的病，便建议她到医院做个检查。

玛丽听从了这个建议，到医院做了检查，结果证明她没有患上肺结核。

居里夫妇真是为这项研究工作付出了生命力的极限。当时，皮埃尔的工资还是每月只有500法郎，有了孩子，还雇了一个奶妈，生活几乎

入不敷出，而且他们种种试图增加收入的努力都宣告失败了。

有一次，皮埃尔在进行了一天疲劳的工作后，沉重地对玛丽说：

"我们选择的生活是多么艰难啊……"

事实上，在将矿渣熔化、过滤出溶液之后，是需要加以提净的。而他们的棚尾四处通风，煤渣和铁屑到处飞扬，温度也不稳定，提净几乎无法进行。而且，要做一番细巧的工作，还需要很清洁、很精密的仪器，但他们根本不具备这些条件。

皮埃尔见困难无法克服，就想等一段时间，等有了好的环境和设备，再进行提取纯镭的工作。但玛丽很倔强，她不听从皮埃尔的建议，坚持要马上提取镭，而且还一定要获得成功。

夫妻俩平时的对话，也都是与镭有关的。玛丽曾以少女般天真的态度问皮埃尔：

"'它'的相貌是怎样的呢？皮埃尔，你想过它是什么形状吗？"

皮埃尔柔和地回答说：

"我不知道……不过，我希望它能有一种极其美丽的色泽。"

（三）

1900年的初夏，忽然有个很诱人的机会展现在居里夫妇面前，这个机会是瑞士日内瓦大学提供的：日内瓦大学校长请皮埃尔前往他们的大学担任物理学教授，年薪是1万法郎，而且还有住房补贴。在那里，他将领导一个实验室，而居里夫人则可以在这个实验室中获得一个正式的职位。

这简直就是个天大的喜讯！年薪1万，有住房补贴，有实验室，还有充足的经费和齐全的实验设备……这在法国，他们恐怕连做梦都得不到！

于是这年的7月份，皮埃尔和玛丽去了一趟瑞士。在那里，他们受到了瑞士同行的热烈欢迎。

但到了8月，夫妻俩又改变了想法。后来居里夫人在自传中曾提到了这件事：

> 皮埃尔很想接受（瑞士的邀请），但如果接受了，我们关于镭的研究就会功亏一篑，因此，他最终做出了相反的决定。

居里夫妇最终没有接受日内瓦大学的邀请，可能还有另外一个因素，那就是彭加勒的干预。

当时，彭加勒被认为是世界数学界最有权威的领袖人物，也是法国很有影响力的人物。当他听说居里夫妇要离开法国后，马上和同事们一起向有关方面陈述了其中的利害关系，结果皮埃尔便顶替了索尔本附属理化自然科学研究所的一个教学空缺职位，而玛丽则被接纳为凡尔赛附近赛福尔女子高等师范学院执教，担任一、二年级物理的教授。

在这所学校的历史上，从来没有女性登上过讲台，而玛丽是第一位。居里夫人一生真不知道占据了多少个第一！

这样一来，居里夫妇的家庭收入就增加了不少，但他们也更加忙碌了，因为还要兼顾学校里的课业。

皮埃尔一直在向有关方面争取更好的实验条件，因为国外一些设备比他们好得多的实验室也正在努力为提取纯放射性元素而奋起直追。如果他们的实验条件依然得不到改善，实验就无法继续进行，那么几年的拼搏就都可能会化为泡影。

然而，这种奔忙和请求却毫无效果，这不仅影响了他们的实验进展，也影响到了他们的身体健康。

居里夫妇不断地从奥地利运回沥青铀矿做实验，可一直都没有结果。研究工作的艰难和劳累让皮埃尔都灰心了，但玛丽却没有丝毫放弃的意思。

就在居里夫妇异常艰难地进行研究时，他们的强劲对手卢瑟福正在加拿大麦克吉尔大学优越的实验环境下奋起直追。

1902年2月5日，卢瑟福在一封信中写道：

> 目前，我正忙于起草即将发表的报告，还要继续进行新的实验。我不能停下来，因为有些人正在想办法超越我。在这个领域中，我最强劲的对手就是巴黎的贝克勒尔和居里夫妇。近年来，居里夫妇在放射性物质方面已经完成了一项极其重要的工作。

卢瑟福说得很对，居里夫妇的确已经成功在望了。玛丽用她创造的分步结晶法先从每吨沥青铀矿中提取10—20千克的硫酸钡，然后再将其变成氯化物。这些氯化物的含镭量大约在万分之三左右。

经过不懈的努力，1902年年初的某一天，居里夫妇终于提取出了一分克的纯净镭盐，并且初步测定镭的原子量为225。

当这成千上万次分步结晶的产物最终提炼出来后，居里夫妇虽然已经筋疲力尽，但他们的兴奋之情却难以言表！

那天晚上，玛丽上楼，走到婴儿室，想看看女儿睡了没有。下楼后，她又穿上衣服准备出门。皮埃尔知道，玛丽又是想去实验室看她的"宝贝"，于是也跟着一起出来了。

外面漆黑一片，他们默默穿过夜晚的街道、工厂、空地，顺着几年来闭着眼睛都会走的路来到他们的"实验室"，打开那扇破旧的门，走进他们的领地。

忽然，玛丽轻声地说：

"不要开灯，你看！"

"宝贝"就在他们面前的桌子上，一缕略呈蓝色的荧光在那里愉快地闪耀着，宛如神话中的小仙子一般，在黑暗之中向他们招手示意。

"啊，我的梦终于应验了……我曾经多少次在梦中看到它冉冉发光，现在，它果然发光了！"

玛丽小心翼翼地找来一把椅子坐下，两个人就这样看着那些蓝色的光亮、那些射线的神秘来源，看着他们的镭！

第二天，玛丽就将他们的发现写成了一篇题为《论镭的原子量》的论文，在法国科学院发表了。

现在，科学界再也没人怀疑镭的存在了。虽然纯金属镭还没有提炼出来，但镭有它的特征光谱，有确定的原子量和它所特有的种种奇异特性，难道还不能证明它是一种新的元素吗？

居里夫人将自己一生追求事业和高尚品德的精神，影响和延伸到自己的两个女儿身上，利用各种机会培养孩子形成良好的道德品格。居里夫人有两个笔记本，上面记载着两个女儿每天的体重、食物、乳齿和思维情况。这些日记，就像她每天所做的工作日记一样详细入微，一丝不苟。

第十三章　镭的发现

我认为，你们必须从一种理想主义中去寻求精神力量。在不使我们骄傲的情况下，这种理想主义可把我们的希望和幻想上升到一个很高的境界。

——居里夫人

（一）

居里夫妇的成绩终于引起了法国和世界各国科学家的极大重视，在法国，居里夫妇成了巴黎各个豪华沙龙的中心话题。法国科学院也马上拨款2万法郎给国家实验室，用于"提炼放射性物质"。

一些无孔不入的记者也开始把他们的目光瞄向这两位贫困而卓越的科学家，报道他们说：

神奇的、可以治疗癌症的镭，是由一位年轻的贤妻良母历经4年极其艰难的努力，才获得最终成功的——而那发现镭的地方，竟然是一间破旧漏雨的棚子！

这些报道就像火把一样，瞬时间就点燃了巴黎人高度丰富的想象力。于是，各种各样带着崇拜和极其夸张的故事，也都不胫而走，居里夫妇在一夜之间就成了1902年的明星。

居里夫妇虽然有了巨大的成功，可他们还是要面临生活上的种种烦恼。皮埃尔每天要到理化科学研究所去上班，还要指导学生做实验；玛丽也要到赛福尔女子学院去教书，两个人只有在教学之外的时间才能从事研究工作。在这些时间里，还要照顾家庭。

除了生活问题之外，他们还急需一个实验室，这在他们看来，这是一件比吃饭睡觉要重要百倍的事情。尽管他们给科学界带来了这么大的贡献，给法国争得了极大的荣誉，但他们依然还在那个破旧的棚屋里工作。

其实，要解决这个难题也不是没有办法，那就是皮埃尔被任命为索尔本的教授就行了。而皮埃尔的工作能力也充分证明他可以胜任教授这个职位，而且他的学问也足可以丰富学生的知识，提高大学的声望。如果这样，他的年薪将可以达到1万法郎，而且教课的时间也比理化学院少得多，并可能拥有一个实验室。

但在法国，这对夫妇似乎很难得到科学界的肯定。对于皮埃尔来说，成为索尔本的教授简直比找到镭元素还要困难，因为他天生就是个严谨踏实的学者，不会吹嘘，不善交际，为人处世都很谦卑，这也令他很难在竞争中胜出。

1902年时，法国物理学家马斯卡尔教授曾推荐皮埃尔担任科学院院士的候选人，并相信他一定能够当选。当选之后，他就有机会成为索尔本大学的教授了。

但按照当时的规矩，申请者必须亲自去拜访所有的院士，争取他们的投票支持。如果拜访不周，或者好话说得少，就很难令他们点头。

对于这种风气，很多正直的学者都很反对，皮埃尔也是如此。上楼、按铃、通报、说明来意，已经让他觉得很耻辱了，还要当着他们的面陈述自己的资历，细说自己的长处，夸耀自己的才华，在他看来，这简直是一件太丢人的行径了。

结果不用说，皮埃尔落选了。

研究和工作使他们每天都疲于奔命，废寝忘食。玛丽从前规定的"正常"生活规则以及烹饪治家的成绩都已经被忘记了。不过，这对夫妇并不认为自己的努力是徒劳的，虽然没有人肯帮助他们，但他们仍旧使用着而且过度地耗费着他们那日渐衰退的体力。有许多次，皮埃尔因为四肢突发不能忍受的剧痛而不得不卧床休息；玛丽有紧张的神经支持着，尚且还能继续坚持。

玛丽认为自己是坚不可摧的，因为她已经用轻蔑疾病和随随便便的日常生活克服了她的亲属为她担心的肺病。但从那本她按时记下自己的体重的小笔记本里，可以看出她的体重每星期都在减轻，在棚屋里过了4年，玛丽的体重减少了7千克。他们的朋友都经常说她脸太苍白，气色也不好；有个青年物理学家甚至给皮埃尔·居里写了一封信，请他爱惜玛丽的身体，并且自己保重。

对于朋友们的劝告和责备，居里夫妇总是天真地回答说：

"我们有休息的时间，我们会在夏天休假。"

（二）

就在居里夫妇的研究工作刚刚有了起色，发现了镭的踪迹之时，1902年5月，从华沙的家中传来噩耗：玛丽的父亲斯特罗多夫斯卡先生

因为胆囊开刀出现了意外，要玛丽马上赶回华沙。

这个坏消息让玛丽心急如焚，恨不得马上就回到华沙，回到父亲身边。如果在他老人家临去世前不能看到心爱的小女儿，那上帝可真是太残酷了！

可是，办理护照的手续很复杂，等了好几天，那张官样文件才办妥。拿到护照后，玛丽马上登上了东去的火车，经过两天半的旅程赶到华沙，来到父亲居住的约瑟夫的家，但是太晚了——父亲已经去世了。

玛丽疯了似的跑进灵堂，只看见一具棺木和一些鲜花。她坚持要开棺再看一眼父亲——父亲毫无生气的脸显得很平静，一个鼻孔中流出来一点血来，在脸上留下了一道淡淡的干血痕。

玛丽对着这张曾经那么熟悉的、亲切的面庞告别，并请求父亲的原谅。她时常暗暗责备自己不该留在法国，这个老人原计划和她在一起度过余年的，而她却让他失望了……

事实上，父亲的晚年是很快乐的，并且因为她而更快乐。一家人对他的爱，他做父亲和祖父所得到的满足，已经使斯特罗多夫斯卡先生忘记了自己那并不煊赫的一生的沧桑；而他最终的、最大的快乐，还是来自这个小女儿玛丽。钋和镭的发现，巴黎科学院《论文汇编》中署着他女儿名字的惊人的学术报告，使这个物理学教师深为感动。他自己一生中的日常工作太多，无法安心地从事研究，因此他随时都在注意着女儿的工作，也很了解它的重要性，料到她将来一定会一鸣惊人。而且就在最近玛丽还告诉他，坚持4年的努力之后，她和皮埃尔已经得到了一点纯镭。斯特罗多夫斯卡先生在去世前的六天，曾用颤抖的手给玛丽写了最后一封信：

　　你现在有纯镭盐了！如果计算一下所付出的辛苦，这的确是化

学元素中最贵重的元素了。但是，这件工作似乎还只有理论上的价值，这实在是太可惜了。

华沙没什么新鲜事，天气温和，仍很清凉。现在，我必须回到床上躺下了，因此我将结束这封信，并且亲切地拥抱你……

这封信上的字迹，完全不像父亲平时那美丽而潇洒的字，可见父亲当时已经病得很严重了。

斯特罗多夫斯卡先生如果再多活一年零七个月，他就会知道他的小女儿为波兰人争得了更大的光荣——获得1903年诺贝尔物理学奖！那时，他该是多么高兴、多么自豪啊！上帝对于斯特罗多夫斯卡先生的怜悯，似乎太吝啬了一点。

处理完父亲的丧事后，玛丽拖着疲惫的身体回到巴黎。遭到这一沉重的打击后，玛丽的身体迅速垮了下来。虽然她一面继续那些研究工作，一面撰写她提纯镭的工作结果，但她的勇气却似乎一下子都丧失掉了，对任何事也都提不起兴趣来。长久以来，玛丽对自己神经系统所安排的可怕的生活方式，现在产生了奇怪的反应：她患上了轻微的梦游症，夜间经常毫无知觉地起来在房子里走动。

有一天，玛丽忽然很惊慌地对皮埃尔说：

"皮埃尔，如果……如果我们两人中的一个死掉了，那么剩下的一个也不可能继续活下去，是吗？我们两个人是不能分开的……"

玛丽可能是因为父亲的去世而过于难过，她不想再品尝这种亲人离去的痛苦。

皮埃尔开始没明白玛丽的话是什么意思，等明白后，他十分坚定地对玛丽说：

"玛丽，你错了。如果我们两个人中有一个不在了，那么研究工作也不能中止。你要明白，我们的研究不仅仅属于我们两个人，科学家没有权利放弃科学这个终极目标，无论发生任何事。一个人即便成了没有灵魂的躯体，也应该照常工作下去。"

对于科学来说，它的推动者是富贵是贫贱，是快乐是痛苦，是健康还是有病，有什么关系呢？科学知道，这些人生来就是为了研究和发现它的。他们要研究、要发现，一直到力竭为止。学者们不能与他们的使命对抗，即使觉得厌烦，觉得想要放弃，他的脚步也必然要将他引到他的实验室仪器前面。

对于整个研究工作而言，镭的发现只算是向前迈进了一大步而已，离完成的阶段还有很长一段距离。玛丽为了整理实验报告，拖着疲乏的身体不断地工作着。而为了生活，夫妻二人还不得不每天奔波于各个学校去兼课。

（三）

镭的发现，是居里夫妇完成的最为重要的一项工作，也是他们为科学所做出的最大贡献。彭加勒甚至说：

"'伟大的革命家镭'登上革命舞台时，它从根本上震撼了经典物理学。"

镭的发现之所以如此受到重视，也是有原因的。

在门捷列夫发现了元素周期表时，科学界对于找到一种元素，并用它来填补周期表内的一个空位，总有一种十分惊奇的感觉，并将这看做是化学领域中极为重大的进展。加上当时化学工业正在以日新月异的速度影响着社会的发展，因此社会上也特别重视化学的每一步进展。

其次，镭的发现为居里夫妇所创造的放射性现象这一广义内涵提

供了坚实的证据，从这以后，放射性现象就成为物理、化学的一个重要分支，并受到众多科学家的重视。物理学家们突然面临一个如此崭新、具有吸引力的课题，即原子内部更加复杂的结构和运动规律，研究积极性也迅速提高，这也预示着科学从此迈入了原子时代。

另外，镭的放射强度也大大超过铀。经过测定，1克原子镭每小时能够释放22.5千卡的热量。那么，这些显著的热量来自哪里？这些能量能否被人们所利用？这也成为当时科学界人们所关注的重大问题之一。

以上种种原因，让全世界的科学家都将兴奋的目光集中到居里夫妇的研究成果上了。

在1899年到1904年的5年间，居里夫妇有时一起，有时单独，有时与同行合作，共发表了32篇科学报告。这些报告的题目都很深奥，字里行间也都充满了图解和公式，外行人一看就会生畏。但是，每一篇报告都代表着居里夫妇的一次胜利。

皮埃尔和玛丽对放射性的研究是在法国开始的，但放射性的研究成果很快就征服了全世界。从1900年开始，许多科学界的知名人物从英国、德国、奥国、丹麦写信到居里夫妇家中，请求他们提供资料。同时，居里夫妇与威廉·克鲁克斯爵士、维也纳的休斯教授和玻尔兹曼教授、丹麦探险家巴尔森等人不断有书信上的往来。镭的"父母"慷慨地向他们的同行提供说明和专门的劝告。

另外，有不少地方的研究者也都在从事探寻未知的放射性元素，希望能够获得新的发现，并且获得了不错的成果；

1903年，次第发现了新钍、放射钍、放射铅。同年，英国学者拉姆赛和苏狄证明镭不断放出少量的气体——氦气；这也是原子嬗变的第一个已知例证。

稍后一些，卢瑟福和苏狄在英国又重提玛丽在1900年预料的假定，

发表了一个惊人的"放射嬗变学说"。他们肯定放射元素虽然看起来好像没什么变化，实际上却处于一种自动演变的状态之中，而且变化越快，其"活动"也就越有力量。

……

皮埃尔后来写道：

"这就是简单物质嬗变的真实理论，但与炼金术士所说的变质完全不同。自古以来，无机物必然是依照永恒的规律演变着的。"

经过研究，居里夫妇发现，镭的辐射强度远远超过他们的预测，它比铀的辐射要强200万倍。通过分析研究，他们发现镭的射线可以分为不同的三种，能够透过最不透明的材料。只有很厚的铅层可以抵挡这些射线的看不见的辐射。

镭还向一些似乎是物理学不可动摇的基础理论发出了挑战，那就是它可以自动放热，在一小时内放出的热量可溶化与它等重的冰。

镭还能使空气导电，并使远处的验电器放电；能使装它的玻璃容器成为紫色或淡紫色；能一点点地腐蚀包裹它的纸或棉花，使它们成为粉末；它能发光……

玛丽后来还写道：

"白天我们是看不见这种光的，但在半黑中就很容易看出来。在黑暗中，一点儿镭发的光就足够照明之用。"

总之，镭的放射是有"传染性"的，像强烈的气味或疾病一样地传染！如果把一件东西、一种植物、一个动物或一个人放在装镭的玻璃管旁边，马上就能够看出它的"活动"。而且，这种传染还会扰乱精密实验的结果，成为居里夫妇喜爱不已的"日常仇敌"。

镭还有一个最动人的奇迹，就是它还可以造福人类：能治疗一种残酷的病症——癌症肿瘤。

镭的用处简直大极了!

玛丽从没有离开过她的第一克镭,后来将它赠给她的实验室了。这1克镭只代表她和丈夫曾经奋发努力的工作,此外并没有什么其他价值。在那个棚屋已经被拆房工人用鹤嘴锄毁平、居里夫人也去世了的时候,这1镭仍然是一种伟大工作的辉煌象征,仍然是居里夫妇两个人一生中英勇时期的辉煌象征。

以后再提炼出来的镭的价值就完全不同了,它们有着比金子还贵重的价值。正式出售的镭是世界上最贵的东西,1克就值75万金法郎。

第十四章　荣获诺贝尔物理学奖

　　荣誉就像玩具，只能玩玩而已，绝不能永远守着它，否则就将一事无成。

——居里夫人

（一）

　　从1903年后，荣誉便频频地光顾居里夫妇。这年5月，他们受到英国皇家学会的邀请，到英国去作关于镭的演讲。

　　这次演讲是由皮埃尔作的，演讲的地点是在英国著名科学家戴维和法拉第作过演讲的地方。

　　在演讲中，皮埃尔取出装有一点点镭的铅瓶，然后请工作人员将房间遮黑，他现场进行了惊人的实验：利用镭的作用使一个金箔验电器放电、在黑纸包裹的照相底版上留影、证明这种物质会自动放热……

　　在英国作演讲期间，居里夫妇除见到了开尔文以外，还见到了英国著名科学家威廉·克鲁克斯爵士、拉姆塞、杜瓦等人，并且相谈甚欢。后来，杜瓦还与皮埃尔合作，研究镭在低温时的物理特性。

　　11月5日，英国皇家学会为了表示对居里夫妇的推崇，特授予居

里夫妇戴维奖章。这项奖励创设于1877年，每年都由英国皇家学会颁发，授予那些在化学研究中取得重大发现的科学家，获奖者可以在获得奖章的同时得到200英镑的奖金。

在这之前，居里夫妇还在1903年获得过波特洛奖章、巴黎市荣誉奖章等。

在忙碌的生活中，玛丽依然完成了一篇博士论文，题目为《有关放射能物质的研究》。1903年6月25日，是玛丽博士答辩的一天。

这一天，玛丽早早就来到索尔本大学的礼堂中等待。她的姐姐还专程从波兰赶来，为的是一睹她的小妹夺取最后一个学位时的风采。

巴黎大学文理学院组织了三人审查委员会，负责审查这篇论文，并对玛丽进行口试。

主考官是玛丽的恩师李普曼教授。虽然师生情谊深厚，但考试还是很公正的。

三个人似乎有点过分严肃地坐在评审席上，这也难怪，因为索尔本大学还从来没有为女性举行过这种答辩。

玛丽为了让人们知道，一位女性将在今后跻身于科学家的行列，今天还特意邀请了佩兰、朗之万和一些赛福尔女子高师的学生来为自己助威。此外，还有不少旁听者，因为这时距离玛丽发现镭的时间不久，而且又是由发现者亲自解说，故而也吸引了不少学术界的人士。

小礼堂中真是座无虚席。

评审委员们提出了一些问题，面色苍白、金黄色头发挽成一个发髻在脑后高高耸起、身着黑色连衣裙的玛丽·居里，对问题都一一做了解答，而且态度从容，有时还拿起粉笔，在黑板上画一些图解或写出公式。

这场口试，让主考官和旁听者们都深受感动。最后，性情温厚的李

普曼教授站起身来，郑重地宣布：

"巴黎大学决议，将本届荣誉奖和物理学博士学位授予玛丽·居里。"

接着，李普曼教授还加了一句很少用的客套话：

"夫人，我谨以评审委员会的名义，向您表示最热烈的祝贺。"

全场响起了热烈的掌声和欢呼声。皮埃尔和布罗尼娅上前热烈地拥抱着玛丽，向她祝贺。

这天晚上，朗之万安排了一个小型的庆祝晚宴，客人只有佩兰夫妇，另外还有一个遥远的客人，那就是英国的卢瑟福。

卢瑟福本来是从加拿大麦克吉尔大学回英国演讲、解释他的放射性衰变理论的，途中便趁机到欧洲大陆游玩一番。来到巴黎后，他便想拜访居里夫妇。当他去棚屋找居里夫妇时，玛丽正好因为论文答辩而不在棚屋的实验室。

幸运的是，卢瑟福在这天晚上受到了朗之万的邀请，参加了居里夫妇的庆祝晚宴。

在晚宴上，皮埃尔兴奋地从口袋里拿出一只盛有镭的小瓶子，管壁上涂着一层硫化锌。在夜色中，镭所发散出来的幽光让在座的所有人都惊讶不已。

皮埃尔激动地说：

"这就是未来之光啊！"

卢瑟福注意到，皮埃尔的手粗糙得简直不像一位学者，倒像是一位做粗活的力工的手，而且明显的有发炎、红肿……

卢瑟福羡慕地看着试管中神奇的物质，心中感慨万千。这一时期，卢瑟福正在完成他最珍视的 α 射线实验。而自己的手并没有像皮埃尔的手那样，受到射线的伤害，这说明，他所拥有的放射性物质的放射活性一定比皮埃尔的差得多。

想到这一点，卢瑟福禁不住叹了一口气。不过，让卢瑟福高兴的是，从此他与玛丽结下了终生不渝的友情。

（二）

1903年11月14日，瑞典科学院院士、常务秘书欧利维利乌斯给居里夫妇写了一封信：

> 居里先生暨夫人：
> ……瑞典科学院在11月12日的会议中，决定将本年度诺贝尔物理学奖金的一半授予你们，表示尊重你们在贝克勒尔射线的研究上共同取得的卓越成就。这一决议，将于12月10日正式公布，此前将严守秘密，奖金和金质奖章也将在同时颁发……

同时，评审委员会还希望居里夫妇能够在接受颁奖那天，到瑞典斯德哥尔摩来接受奖状、奖章和奖金，并在会上做"诺贝尔演讲"。

这个消息让居里夫妇既意外又兴奋，他们的努力总算是得到了人们的承认。要知道，诺贝尔奖可是世界上的最高荣誉了，这也是世界科学家对他们所取得的成就的正式承认。

不过，由于工作太忙，而且玛丽也一直生病，居里夫妇无法在冬天出门到严寒的北欧去领奖，因此在11月19日，皮埃尔给瑞典科学院写了一封回信，表示十分感谢瑞典科学院将诺贝尔奖颁发给他们夫妇二人，但因为工作和身体原因，他们希望在1904年6月天气暖和些再去做"诺贝尔演讲"。

12月10日，一直秘而不宣的获奖消息正式公布了，居里夫妇与亨利·贝克勒尔共同获得1903年的诺贝尔物理学奖。

这一消息立刻就在巴黎乃至全世界轰动了。到1903年，诺贝尔奖是第三次颁发。1901年，诺贝尔物理学奖的得主是发现了X射线的德国物理学家伦琴；1902年是荷兰物理学家洛伦兹和德国物理学家塞曼，他们两位因在"研究光和电磁现象之间的联系方面所做出的开创性工作"而共享该年度的这一奖项。

如果前两年诺贝尔奖的颁发还处于摸索阶段，许多国家对此奖还不甚重视，那么到1903年，在瑞典以外的各国报刊上，支持和赞美诺贝尔奖的文字开始增加。

正是在这种声望日隆的情况下，1903年的诺贝尔奖名单公布后引起的反响也大大超过前两年。在法国，这一奖项更是引起了足够的重视，法国从1901年开始就积极参与角逐诺贝尔奖，当年有两人获奖（文学奖和和平奖），1902年落空，而1903年又有3位法国科学家获奖，这怎能不让法国人激动万分呢？

更非比寻常的是，这一次获奖的竟然还有一位弱不禁风的金发年轻女性，这也是第一位获得此奖项的女性，而且在一向都是男性工作领域的物理学领域中获奖！这一切都太能挑起广大民众和记者们的好奇心了。

当然，由此也可以看出，镭的发现的确是深具意义的！

不过，获得诺贝尔奖也给居里夫妇带来了不利的一面，那就是经常遭受记者的骚扰。他们就像轰炸机一般，向居里夫妇轮番进行采访。原来门可罗雀的实验棚屋前，如今是车水马龙，人来人往，这令喜爱安静的居里夫妇叫苦不迭，因为这严重地影响了他们的正常生活，并且研究工作也无法安静地进行。

同时，一些上流社会的人们也开始频频拜访或邀请他们参加聚会，还有人来信邀请他们到美国去，"为你们举行宴会""庆祝你们所获得的成功"，并嘱咐他们"无论如何都一定要来"。

居里夫妇实在是烦透了这种不间断的"骚扰"，包括与上流社会的应酬。后来他们实在受不了了，就悄悄地躲到一个偏野的小村庄里，像一对农村夫妇一样，在山野乡间心情舒畅地呼吸着新鲜的空气，聆听着树林中海风的低鸣……算是躲出来给自己放个假吧。

（三）

1904年1月，诺贝尔奖金终于从瑞典寄来了，一共是6万法郎。有了这笔钱，皮埃尔便辞去了教职，专心地在实验室从事研究工作。

玛丽也立刻给在波兰开办疗养院的姐姐布罗尼娅和姐夫汇去了一笔钱。一直以来，布罗尼娅夫妇本着为穷人服务的宗旨，疗养院经营得很艰难。

然后，玛丽又把其中的一部分钱捐给两三个科学学会。凡是从事科学研究的组织，都经常会遇到经费上的困难，玛丽对此深有体会。所以，她希望用自己有限的力量，帮助他们解决一些困难。

对于在他们的实验室工作的波兰留法女学生以及自己任教班级的清贫而优秀的学生，玛丽也都拿出一部分钱，作为奖学金，以鼓励她们努力学习。

居里夫妇将这笔自己辛苦奋斗获得的奖金和很多人共享，而他们依然过得很节俭，而且玛丽还继续在女子学校任教。

6月份很快就到来了，居里夫妇本来应该前往瑞典做诺贝尔演讲

的，可是皮埃尔因为风湿病发作，全身疼痛难忍，无奈只好放弃了这次演讲。

在获得诺贝尔物理奖之后，法国政府对居里夫妇也开始关注起来。10月，皮埃尔被索尔本大学任命为理学院新设立的物理学讲座正教授；11月，玛丽也被任命为理化学院物理实验室主任。

皮埃尔居然在获得诺贝尔奖近一年后才被任命为教授，这件事颇具讽刺性。而且被任命后，他们也并没有得到实验室。玛丽曾经心酸地写道：

> 1904年……我们因获得了诺贝尔奖，成绩得到了社会的公认，这时巴黎大学新开了一个讲座，皮埃尔被任命为该讲座的教授；同时，又由他开设了一个实验室，任命我为实验室主任。事实上，当时并没有另外建立一个实验室，只不过是腾出了几间暂时没人用的房间供我们使用而已。

法国当局如此对待为法国乃至世界做出过巨大贡献的科学家，的确令人匪夷所思。

不过，这个实验室虽然不能令人满意，设备也并不齐全，但相比于以前那所破旧的棚屋已经是很不错了。

离开了四面透风的棚屋，居里夫妇将还在那间木板屋中的仪器都搬到了新实验室。在临走时，他们好几次回头，忍不住向那潮湿的墙壁和腐朽的木板看了几眼。他们还真有点舍不得离开这里呢——这里代表着居里夫妇曾经艰苦的奋斗历程，代表着他们婚姻生活中最快乐的日子。

随着对镭的研究的日渐深入，镭的特性也激发了人们在使用上的种

种尝试。而在居里夫妇的支持和帮助下，镭的批量生产也开始进行。

一天上午，皮埃尔收到了一封来自美国的信件。这是美国创立制镭业的工程师们写来的，信中说，他们将创立一家提炼镭的工厂，请求居里夫妇在镭的提炼方法上给予指导。

玛丽对这件事似乎并没什么兴趣，皮埃尔思索了一会儿，对妻子说：

"我们得在两种方式中选择一种，要么毫无保留地将提炼镭的专门技术公之于众，谁愿意生产镭就尽量去生产；要么，我就申请生产镭的专利，因为这毕竟是我们发明的。"

"皮埃尔，我想你一定不会采取后一种决定，我们不能申请专利，因为这样做是违反科学精神的。"玛丽说。

"可是玛丽，这件事我们要慎重一些。有了专利，我们的生活就可以舒适一些，不必再去做那些艰辛、损害我们身体健康的工作。而且关键是，我们可以拥有一个好的实验室……"皮埃尔想让玛丽搞清楚利害关系，因此冷静而又客观地分析说。

玛丽想了一下，平静地说：

"科学家无权把他们的发现当做摇钱树。镭是属于世界上所有人的物质，而且，它可以用于治疗癌症。在这种情况下，我们更不能以此牟利，你说呢？"

皮埃尔听了玛丽的意见后，说：

"你说得对，这的确是违反科学精神的。在答复美国的要求之前，我想知道你的想法是否与我一致。今天晚上，我就给美国写回信，将他们所要的资料都寄给他们。"

20年后，居里夫人在回忆这件事时说：

"皮埃尔和我的意见达成一致，决定不从我们的发现中获取物质上的利益，因此我们不领取专利执照，并且毫不保留地发表了我们的

研究成果，包括镭的提炼方法在内。遇到有对镭感兴趣的人向我们索要资料，我们也都会提供。这对于镭的制造业有很大的好处，它可以先在法国，以后在其他国家自由地发展起来，以生产可供学者和医生使用的镭。事实上，目前工业上所用的提炼方法，仍然是我们所发明的方法，几乎没有什么改变。"

如此评价自己的发现，可见居里夫妇所具有的无私、宽阔的胸怀。他们把自己的科研成果看成是全人类共同的财富。

第十五章　皮埃尔意外离世

荣誉使我变得越来越愚蠢。当然，这种现象是很常见的，就是一个人的实际情况往往与别人认为他是怎样很不相称。比如我，每每小声咕噜一下也变成了喇叭的独奏。

——居里夫人

（一）

1904年12月6日，37岁的玛丽又生下一个女儿，他们为她取名为艾芙。玛丽的姐姐布罗尼娅特地从波兰赶来，照料玛丽生产。

转眼就到了1905年的夏天了，皮埃尔的身体好了许多，拖了一年的诺贝尔演讲不好再拖下去了，于是居里夫妇决定在6月份一同前往瑞典的斯德哥尔摩。

6月6日，皮埃尔代表他和妻子玛丽，在瑞典科学院作了题目为《放射性物质镭》的演讲。

首先，皮埃尔表示了自己的歉意：

"由于一些我们自己无法控制的原因，我们未能于1903年12月10日在斯德哥尔摩与大家见面。"

接着，他又说道：

"要讲放射性物质的特性，我当然不能只讲我们两个人的研究工作……"

在做演讲过程中，皮埃尔对镭的特性进行了详细介绍，并且也对将来的问题做了一些详尽的专门性解说，使所有学者不得不重新评估他们的研究价值。

在做演讲之余，皮埃尔和玛丽还游览了当地美丽的景色。此时正值斯德哥尔摩一年中气候最为宜人的季节，这也令居里夫妇的健康状况大为好转，而且所到之处都受到了悉心的照料。这可能也是皮埃尔短暂的一生当中最幸福的一段时光吧。

在来斯德哥尔摩之前，居里夫妇还担心又会出现那种过分的轰动、欢迎、采访、接见等拥挤的局面，那会让他们不胜其烦。但来到之后，他们非常满意地发现，瑞典科学院的安排很有分寸，官员们也很少出现在这种科学活动之中。

总之，他们原有的顾虑都一扫而光，轻松愉快地做完演讲，又在北欧这块神奇的国度里游览了几个城市，便尽兴而归。

回到巴黎不久，即7月3日，皮埃尔终于被选为巴黎科学院院士。虽然过程不甚顺利，但他的努力和成就终于得到了人们的承认。

自从获得诺贝尔奖之后，居里夫妇的工作条件就有了一定的改善，一方面收入增加了，家里的生活不会那么拮据了；另一方面，实验室里也配上了助手，他们也不用再像以前那样，干那种超过自己体力的重活、粗活了。

但是，实验室的设备仍然十分糟糕，皮埃尔对此深感愤懑，但也无能为力。皮埃尔一直都想回到他以前的结晶体研究课题中去，其中一个重要原因，就是实验设备的困扰。当然，还有一个原因，那就是他觉得人们的评价不太公平，总是把发现镭的功劳归功于他一个人名

下，说玛丽如果没有居里先生，只不过是个一文不名的移民者罢了。如果他开口为玛丽辩解一下，人们马上就会说他太谦虚，将功劳都让给了夫人。如此等等，让皮埃尔的心理感到不能平衡。

当然，玛丽是根本不在乎这些名誉和地位的。只要能够专心地进行科学研究，那些名誉归功于谁又有什么关系呢？

到1905年的年底，居里夫妇的生活和工作总算一步步走向顺利了。那时，皮埃尔46岁，玛丽才38岁，他们都精力旺盛，正是安心从事研究工作的时候，而且也有了还算不错的工作环境……

一切的情形，已经渐渐合乎居里夫妇的愿望了。这一对志同道合的伴侣，如果能够一直并肩努力下去，他们的成就将会有多大，谁知道呢？

然而，生活总是不能够尽如人意。

（二）

自从皮埃尔被选为巴黎科学院院士后，他们开始适应着新的生活。每天，皮埃尔要备课和做实验，玛丽则和从前一样，在赛福尔教书。等到教课结束，两个人再在居维埃路的那个狭小的实验室里见面。

安德烈·德比尔纳、阿尔伯·拉伯德以及美国人杜亚纳教授，还有几个助手或学生，都在这个实验室里继续从事着有关镭的研究。

1906年4月的复活节期间，天气特别好，皮埃尔便带着玛丽和孩子们到乡下小住了几天。

在这里，他们每天晚上都带着女儿到附近的农庄去取牛奶。艾芙刚刚14个月，连走路还不稳呢，但却顽强地要踏着那干硬的土车辙走，皮埃尔看着直发笑。

到了星期日，远处钟声一响，夫妇两人就骑着自行车到附近的树林里去野游，然后带回一些开着花的枝子和水毛茛。

第二天，皮埃尔觉得累了，就懒洋洋地躺在草地上晒太阳。柔和可爱的日光慢慢把笼罩山谷的朝雾驱散。艾芙坐在一条毯子上乱喊乱叫，伊琳娜则挥动着一个绿色的小网在草地上追捕蝴蝶，并为她很少到手的捕获物而快乐地大声欢呼。

皮埃尔和玛丽彼此靠近躺着，欣赏着孩子们的游戏。

或许就在那天早晨，或许是头一天，迷人春光的魅力和宁谧使皮埃尔平静下来，他看着草地上两个蹦蹦跳跳的女儿，再看看一动不动地躺在自己身边的玛丽。

他抚摸妻子的面颊和金色头发，低声说道：

"在你身旁，生活是多么甜蜜啊，玛丽。"

星期一的晚上，皮埃尔带着一身春天的气息乘坐火车先回到巴黎，而玛丽和两个孩子又在乡间享受了两天春光明媚的阳光和原野清新的气息。

4月18日，星期三的晚上，玛丽带着两个孩子也回到巴黎。这两天，巴黎都是阴霾密布，阴雨不断，街道也很泥泞，路上的行人常常会打滑摔倒。

4月19日这天早晨，雨依然在下着。这天，皮埃尔要到法乐特饭店参加理学院教授联会的午餐聚会。聚会后，他还要去拜访出版社格吉耶·维亚尔，看一篇论文的清样，然后到科学院……

在临出门前，皮埃尔向楼上的玛丽高声问了一声：

"玛丽，你今天还要到实验室去吗？"

玛丽正忙着给艾芙穿衣服，她边穿边回答说：

"今天恐怕没有时间去……"

她也不知道皮埃尔听见没有，每天都是这样，谁会把今天早晨的话

特别记在心里呢？可她万万没想到，这一问一答竟然是他们此生的最后一次交谈……

下午两点半，皮埃尔和教授们聚餐结束后，雨还在下，皮埃尔便打着雨伞步行到出版商那里去。

到出版商那儿时，大门紧闭。皮埃尔便转身返回来，准备抄近路去科学院。

这里是巴黎的旧区，道路狭窄而泥泞，路上的行人也很多，还有出租的马车来来回回地在路上疾驶，路人的身上时常被飞驰过去的马车溅得满是泥浆。

皮埃尔本能地找人少的路走，有时走在石铺的路边，有时走在路上，步伐有点不稳，好像正在思考什么问题，脸色凝重。

他在沥青路上走了一会儿，跟在一辆慢慢驶去的轿式出租马车后面。到了拐弯处时，皮埃尔就想穿过马路，走到那边的人行道上去。

他心不在焉地移动，离开出租马车给他的掩护，这辆车的四方车厢便遮住了他的视线；他向左走了几步，忽然另一辆马车从他的对面冲了过来，马车夫本能地想立刻停下马车，可由于惯性作用，马车根本不能立刻停下。

皮埃尔这时好像突然从沉思中惊醒过来，见一辆马车朝自己横冲直撞过来，害怕地想赶紧躲开，可泥泞的地面却让他一下子滑倒了……

接着，一幕悲剧出现了：马蹄和马车的两个前轮从他身体的两旁过去了，并没有碰伤他，可马车的后轮却碾过了他的脑袋……

鲜血在骤雨的路面流散满地，交通警察跑了过来，并赶紧找来一副担架把死者抬到附近的警察局里。从他衣服口袋里的证件，人们才知道遇难者是居里教授。

警察立即打电话通知了索尔本大学理学院，皮埃尔的两个助手马上赶到了警察局，可是看到的，只是教授血肉模糊的尸体，他们失声痛哭。他们不敢相信，一个如此有活力、有智慧的科学家，怎么会突然之间就死去了呢？上天为什么如此残酷、如此不公？

索尔本大学的亚伯特校长和博朗恩教授匆忙赶到居里家中，可玛丽却没有在家。不知道玛丽知道这个噩耗后，会是怎样的悲痛欲绝啊！

（三）

傍晚6点多，毫不知情的玛丽才回到家里。

刚一进门，就看见亚伯特校长、博朗恩教授和四五个陌生人都在家中，玛丽忽然有一种不祥的预感。

玛丽疑惑不安地扫视着他们，大家都木然地望着她，不知道该怎么开口。

在一阵令人窒息的沉默后，终于亚伯特校长艰难地开口了：

"夫人，你不要太悲伤……事情实在太突然、太不幸了，居里先生他……他刚刚出了车祸……"

"你说什么？那……那皮埃尔现在怎么样了？"玛丽紧张地问。

"他……他已经去世了……"

"皮埃尔死了？真的吗？"玛丽僵住了，仿佛身处梦境一般，慌乱地重复着这句话，似乎根本就无法相信这个消息。

大家都在身边安慰她，可她一句话也听不进去了，她不再言语，眼神呆滞地坐在一边，嘴里不断地嘟哝着：

"皮埃尔……怎么会这样呢？"

但是，这的确是个真实的悲剧，不是噩梦！

当皮埃尔的尸体被抬回家时，早晨还微笑出门的皮埃尔，现在却是

头绑绷带，直挺挺地躺在担架上，这怎么能不令玛丽哀痛欲绝呢！

手表、钢笔、钥匙、证件也都被送了回来，一样也没有少，可是她的皮埃尔，却已经停止了呼吸。玛丽悲伤地亲吻着皮埃尔的双手和脸颊，可是，皮埃尔再也不知道了。

"啊，皮埃尔真的不在了！"玛丽的泪水如同决堤的河水一般倾泻下来。

"皮埃尔走了，我该怎么办？"

在广阔的法国，皮埃尔是玛丽唯一的依靠，而现在，他却离开玛丽和孩子们先走了。玛丽一下子丧失了精神支柱，以后的日子，她和孩子们该怎样度过？

皮埃尔不幸去世的消息很快就传遍了法国，家里的门铃不断地想响起，来悼念的，来采访的……接踵而来；国王、总统、世界著名的科学家……都接连不断地拍来电报，写来慰问信。

这时大家最关心的，就是皮埃尔的葬礼什么时候举行？由谁来致悼词？谁代表政府？谁代表科学院？……

然而，玛丽深知丈夫厌恶这种表面热闹实则劳民伤财、没有任何意义的仪式，因此，她毅然决定在皮埃尔去世的第三天，即4月21日的上午将皮埃尔的遗体下葬，并表示不会举行任何仪式，只允许几位亲人和皮埃尔生前的好友参加葬礼。

这一天，法国的《新闻报》写了一篇报道：

居里夫人与她的公公挽着胳膊，走在棺木的后面，直到墓地挖好的墓穴中。墓穴周围有几棵栗树。她伫立在墓穴旁，脸色苍白，目光凝滞而严峻。当有人将一束花送到墓穴旁时，她接过花，将花瓣一朵朵地撒在棺木上。

　　她的动作缓慢而从容，似乎世界的一切都不存在了。旁边的人都深受感动，默默地看着她。

　　葬礼主持人提醒居里夫人，她应该接受送葬人的慰问，于是她将花瓣全部撒在棺木上，离开墓穴，默默地站到公公旁边。

　　那天晚上回家后，玛丽将自己一个人关在书房里，沉默而又痛心地想念着与她志同道合的老师、伴侣、朋友。他们已经结婚快11年了，现在，她却失去了他。

　　玛丽将自己的万般痛苦头都倾泻在日记当中：

　　　　皮埃尔，各地的吊唁电报、信件在我的桌上堆积如山，报纸也天天报道你的事。但是，任何劝慰和悼念都不能减少我的悲伤，因为它们无法换回你的生命。

　　　　……

　　　　你为了申请研究费的补助或想加入学术会员行列，屡遭法国政府当局和大学教授的拒绝，可是，现在他们却都向我致歉，并想在葬礼前举行追悼演讲会，我都予以恳辞了。我知道，不论他们如何颂扬你，你的灵魂也不会高兴的。如果在你生前，政府能够答应你的请求，那么在你短暂的一生中，也许会有更大的成就。

　　　　可是现在，一切都太迟了，你再也不会回来打开研究室的门了。啊，皮埃尔，我最敬爱的丈夫，我最亲切的老师，现在你把这艰难的研究都留给我了，我该怎么办啊？

　　　　……

　　哥哥约瑟夫和姐姐布罗尼娅接到电报后，匆匆从波兰赶来，但却没有赶上葬礼。消息来得太突然了，他们不知道该怎样安慰玛丽，只是紧紧地握住她的手。如果布罗尼娅真的开口，那么大家都会失声痛哭的。

葬礼结束后，玛丽就像完全变了一个人一样，不愿意开口说话，对前来慰问的人也只是木然地点点头。

大家都很担心她，怕她想不开而寻短见。然而，玛丽的外表看起来好像因悲伤过度而麻木，其实，她的内心正在努力地用坚强的理智来压抑着悲伤。

法国政府似乎也为这突如其来的悲剧感动了，主动向玛丽提出，政府可以为皮埃尔·居里的遗孀和遗孤发放一笔国家抚恤金。

然而，玛丽却断然拒绝了：

"我不需要抚恤金，我还年轻，才39岁，我可以挣钱养活我和我的孩子。"

从这件事中，大家又看到了希望。

第十六章　继续未竟的事业

人必须要有耐心，特别是要有信心。

——居里夫人

（一）

皮埃尔不幸去世后，索尔本大学当局便想让玛丽继续留在大学里工作，但该以什么样的职位和头衔留下她呢？

皮埃尔去世了，他的讲座按理也应该取消，与讲座同时设立的实验室（玛丽是该实验室的主任）也将同样撤销。那么，玛丽如此高的学术地位，怎样安排她，才能让她和大家都满意呢？

这时，皮埃尔生前的一些亲友，如皮埃尔的哥哥亚克、玛丽的哥哥约瑟夫以及他的朋友佩兰等，都替玛丽向大学建议，认为玛丽是唯一能够继续主持皮埃尔讲座的人选，而且她也肯定有能力、有资格完成皮埃尔未竟的事业。

索尔本大学当局对这位拥有理学博士头衔的不凡女性的确不敢轻视，但当时有个大问题，那就是巴黎大学还从来没有过"女教授"，谁有勇气打破这个传统呢？

可为了事实需要，大学当局不得不鼓起勇气，打破了这个规矩。

于是，在皮埃尔逝世一个月后，理学院的会议一致决议保留皮埃尔·居里所创设的物理讲座，并把这个位置给予他的夫人玛丽·居里接任。

这是法国，恐怕也是整个欧洲，第一次将最高教职委任给一位女性。接到聘书的玛丽真是百感交集，她没有多说什么，只是说：

"我试试看吧。"

这天，玛丽在自己的日记中写道：

> 皮埃尔，我已经接任了你之前的工作，即将坐你坐过的椅子，拿你拿过的教鞭，我的心情是错综复杂的。想到你经常说的话，"无论发生什么事情，无论生活多么艰苦，我们都要完成共同的实验。"这番话给予我足够的勇气，所以我接受了校方的聘书。
>
> ……

玛丽必须重新鼓起生活的勇气，她要活着，继续皮埃尔的遗志而活着。关于放射性的科学，现在还不过是刚刚开始，正在等待她的研究；两个女儿还都年幼，也正在等待她的抚养。

玛丽决意收起悲伤，重新振作起来。但是，她怎么能够忘记这些悲伤呢？

从少女时代开始，因为家庭拮据，她就不得不到荒僻的乡下，做一个被人藐视的家庭女教师。好不容易有机会到巴黎求学，她那如花的青春却在阴冷的阁楼上消磨过去……

此后，她与皮埃尔相识、结婚，夫妇俩志同道合，本可以过得很好，却为了科学研究，在阴冷潮湿的棚屋里做了4年的粗活重活！好不容易苦尽甘来，一切都向好的方向发展了，死神却这样残酷地降临到皮埃尔的头上，突然间带走了他的生命……

虽然这些悲伤的过往还在玛丽的心头存在，但是，她要让皮埃尔在地下瞑目。为此，她必须坚强地踏着皮埃尔的脚步继续他们的科学研究。

不久后，布罗尼娅和约瑟夫也都返回了华沙，为了尽快忘记过去，重新生活，经过慎重的考虑后，玛丽在巴黎的市郊租了一幢有庭院的房子搬了过去。

从此以后，玛丽、伊琳娜、艾芙，还有79岁的老居里先生4个人，便开始过着新的生活了。

（二）

1906年11月，新学期开始了，玛丽为了准备大学物理的课程，整个暑假都在实验室中埋头工作。

为了做得比皮埃尔更出色，也为了不辜负皮埃尔，她参阅了皮埃尔生前的各种参考书和笔记，不断地深入理解课程。

11月5日下午1点30分是玛丽的第一堂物理课。然而正午时分，就已经有人拥到大学理学院阶梯教室的门口等候了。

刚刚1点整，小小的教室已经座无虚席。在教室中听课的，既有科学院的成员，也有各个科学团体的代表和各界知名人士，还有一些根本听不懂课的新闻记者、艺术家等。而真正需要听课的大学生反而没了位子可坐。

人们都好奇地议论着：

"她今天会穿什么衣服来上课呢？"

"她开头会怎样讲课呢？会表示感谢吗？"

"肯定要对她的丈夫讲几句赞美的话，这是毫无疑问的……"

上课的铃声响了，身穿黑色外套、身材娇小的玛丽·居里从侧门步入讲台。

挤满教室的人们激动地鼓起掌，向玛丽表示最深切的敬意。这位怯懦的夫人还带着明显的忧愁和哀伤，只是轻轻地点了点头，算是感谢大家的热情。

掌声停止了，大家都屏息静气，想听听玛丽的第一句开场白将怎么说。

玛丽用一种声调不高但颇具穿透力的声音，开始了这具有历史意义的讲课：

"当考虑到近10年来物理学所取得的进步时，我们将不得不对电和物质方面的新思想表示惊叹……"

听众们都十分惊讶，大家以为她一定会从赞扬她的先生皮埃尔的工作开始，但她却对可能会引起人们同情的往事只字未提，并正好从皮埃尔上次讲完的地方接着向下讲。

这节课讲的是有关原子分裂、放射性物质的新学说。玛丽讲得从容不迫，纯熟的法语中偶尔夹杂一点波兰口音。

那些一直听皮埃尔课程的学生，在听玛丽的讲课时，不禁都鼻子发酸，眼泪悄悄地流出来。也许只有他们，才能真正理解玛丽内心深处隐藏着的那种巨大的哀痛。

下课时间一到，玛丽又微微地一鞠躬，转身走出了教室。教室里再次响起热烈的掌声。

这是十分成功的一堂课，学校当局对玛丽的学问和讲课水平都深表钦佩。

除了讲课之外，玛丽还要到他们的实验室进行指导研究。现在实验室正在研究的，是居里夫妇尚未完成的"镭的单独提取"。这项工作的艰巨和实验的困难，比准备讲课更加辛苦。

要肩负两份如此重要的任务，玛丽的辛劳也是与日俱增，常常因为贫血或劳累过度在实验室或家中晕倒——健康状况不佳的人，是不能担任这种工作的，可是，没有人能够代替玛丽的工作。

幸运的是，在实验室孤军奋战的玛丽获得了出乎她意料的帮助。

首先，美国钢铁大王安德鲁·卡耐基在听说了玛丽的事情后，为她提供了几年的研究经费，让玛丽实验室中的设备得以完善，并增加了研究员。

另外，一位名叫安德烈·德比恩的物理学家也经常来协助玛丽的工作。后来，玛丽能够成功地将镭单独提取出来，德比恩可谓功不可没。

经过不懈的努力，到1907年，玛丽又成功地提炼出400毫克的氯化镭，并再一次确定了镭的原子量。

这一年，玛丽在发表的《论镭的原子量》一文中写道：

> 1902年，我发表了用90毫克氯化镭对镭的原子量进行测量的结果。从那时开始到现在，从多次矿石处理中又得到数百毫克看来很纯的镭盐。我对它们进行纯化加工后，获得了400毫克很纯的镭盐。这样，便在比上次好得多的条件下，对镭的原子量进行了重新测量。

在1902年时，玛丽就发表过一篇论文，题目也是《论镭的原子量》。那时，她通过实验测定镭的原子量为225.93。

而这一次，她在实验"比上次好得多的条件下"对镭的原子量进行

了更加精确的测定，最终测定结果为226.45。

（三）

在皮埃尔去世后，玛丽虽然接任了皮埃尔的物理学讲座，但当时学校给她的聘书上用的是代课的名义。

1908年，索尔本大学理学院正式任命玛丽为实任教授，她在那里教授放射学——世界上第一个教授这门学科的人，而且是当时唯一教授这门学科的人。

每天，忙碌的玛丽不但要在课堂和实验室工作，还要着手整理丈夫皮埃尔的遗稿。这一年，一本600页的大著作出版了，题目为《皮埃尔·居里的著作》。

这是皮埃尔生前的撰著，玛丽对其进行认真的整理后付印。封里有一幅居里先生的像，还有一篇序，是玛丽亲自写的。

在这篇序文中，玛丽追述了这个不幸的学者的生涯，并惋惜他在创业中途不幸失去了生命。

这本著作出版后的两年中，玛丽还着手编著有关她所教授的课程的图书。1910年，一本内容高深的专著《放射性论》出版，几乎有1000页。

更好的消息也传来了，1910年，玛丽终于成功地提炼出了纯金属镭元素。我们前面所说的纯镭，其实都是指氯化镭或溴化镭，因为纯金属镭是极其不稳定的。

然而，在这辉煌的一年，又有一件不幸的事情发生了，那就是皮埃尔的父亲老居里先生因病去世了。这对玛丽又是一个不小的打击。

老居里一直都与玛丽和孩子们住在一起。皮埃尔去世后，老居里高度的理性和智慧给予了玛丽很大的勇气，并且他帮助玛丽照顾两个孩子，让玛丽能够有充足的时间和精力去从事她和皮埃尔未竟的研究事业。

1909年后，老居里便因肺部充血几乎卧床不起了。玛丽很感激这几年公公对整个家庭所起的作用，因此常常在他身边陪伴。

老居里的许多观点与皮埃尔都很一致。例如，皮埃尔死后留下了一克镭，对于这1克价值百万法郎的镭该怎样处理？

有一次，玛丽对老人说，她想把这1克镭赠送给实验室。但许多朋友都劝她留给自己，因为这是名正言顺的。就算不为自己，也要为孩子们的以后想想。但玛丽不同意这种观点，她认为，孩子们以后应该靠自己生活，怎么能靠父母的遗产生活呢？

老居里很赞同玛丽的观点：

"我赞成你把它献给实验室，贵重的镭应该是属于国家的……"

玛丽对老人家的理解十分感激。这位老人一生虽然没有做过什么伟大的事，但他却是一个地地道道的伟人。

遗憾的是，2月25日，老人病情加重，离开了人世。

不过，玛丽的成绩还是一件接着一件地凸显出来，她陆续发表了《论镭放射性系数的测定》《论金属镭》等论文。

这年的9月，玛丽还参加了在比利时布鲁塞尔举行的一次国际放射性学术会议。这次会议的重要任务之一，就是为放射性强度确定一个国际通用的标准单位。

与会者大都同意应该由玛丽来确定这一计量单位，因为她是这方面不可动摇的权威。有人提议，将放射性强度的国际标准单位定为"居里"，玛丽慨然赞同。她认为，可以用这种方式来纪念皮埃尔·居里先生在这方面所做出的重要贡献。

不过，对于这个计量单位该如何定义这个问题，与会者们没有讨论出一个具体的标准来。

回到巴黎后，玛丽立即将她提炼出来的21毫克纯金属镭封存入一个玻璃试管中，然后郑重地将其送往巴黎附近的赛福尔国际度量衡标准局，从而确定了后来通用的国际计量标准。

第十七章 镭学研究院落成

在科学上重要的是研究出来的"东西"，而不是研究者"个人"。

——居里夫人

（一）

1911年对玛丽来说，算得上是不顺利的一年。

从1月份开始，事情就开始让人沮丧。在很长一段时间内，玛丽都持有与皮埃尔相同的态度，那就是对申请法国科学院院士保持谨慎的态度。她尤其不愿意因为申请院士候选人而去逐个拜访巴黎的院士。因此，在1910年以前她未打算要申请为院士候选人，她的头衔和荣誉已经够多了。

但到1910年底，彭加勒、李普曼教授和佩兰等法国的著名科学家都劝玛丽试一试。玛丽在众人的怂恿下，便决定申请法国科学院院士的候选人，争取成为院士。她之所以这样决定，想必也是毫不怀疑自己能够当选。想想玛丽也的确够资格：《论放射性》这样的权威性专著出版了，国际放射性会议也决定将"居里"作为放射性强度的单位，纯金属镭也已经被她单独提炼出来了，并获得过一次诺贝尔奖……这样的成就，难道还不能当选法国科学院的一名院士吗？

然而，玛丽提出竞选申请后，却引来一片反对之声，尤其是以科学院院士阿玛加梅尔为首的一群老态龙钟的院士们，声称为捍卫科学院的"纯洁性"而大肆攻击玛丽以及妇女竞选一事：

"无论是哪一位女人，哪怕是居里夫人，都绝不可以进入科学的圣殿——巴黎科学院！"

还有一些性格卑劣的人更是在民众当中散布流言，不负责任地说玛丽是"犹太人"。当时法国有一股反派势力正在抬头，它们的主要特征就是军国主义狂热、教权主义和反犹太主义倾向。

玛丽万万没想到，参加竞选院士竟然扯到女性和民族问题上去了！如果早知如此，她一定不会申请的。

最终，玛丽以2票之差落选了。这个结果让玛丽很痛心，但她却没有对此作出任何评论。

但失之东隅，收之桑榆，1911年12月，从瑞典的斯德哥尔摩传来好消息，本年度的诺贝尔化学奖将颁发给玛丽·居里夫人，以表彰她在丈夫皮埃尔·居里先生去世后独自做出的出色成绩。

一生之中荣获两次诺贝尔奖，这是史无前例的，也可能后无来者了。

失去了可以依赖的丈夫，又要独立抚养两个孩子，每天还得坚持去上课，并要在实验室中做实验，玛丽经常因为劳累而昏厥。而且，玛丽还经常受到法国学士院的歧视，他们称她不是法国人，而是亡国的波兰人，并且是个女人。可是，玛丽的苦闷却无人倾诉，只能一个人默默忍受。

但是，她终于还是获胜了。几年的努力，这一次终于又开花结果，玛丽的心情十分复杂。

按照规则，玛丽需要到斯德哥尔摩去做一次公开的演讲——上次是皮埃尔代表他本人和玛丽去演讲的。这一次，皮埃尔不在了，玛丽只好请姐姐布罗尼娅陪同她和女儿伊琳娜一起前往瑞典斯德哥尔摩。

一路上，她们各怀心事。

伊琳娜只要一想到瑞典国王即将亲自颁奖给母亲，就感到母亲好伟大，内心不禁充满了骄傲和自豪。

布罗尼娅则想起有关玛丽的往事，当年不眠不休地苦学，终于换来了今天的成功，成为两次诺贝尔奖的得主了。去世的父母如果能够知道这些，该是多么高兴啊！

而玛丽此时想些什么呢？她想起6年前曾与皮埃尔一起来到瑞典；而现在，她又来斯德哥尔摩领奖了，可皮埃尔却已经不在了。

在受奖之后，玛丽发表感言，她说：

"今天，我所获得的荣誉，是我和我的丈夫居里先生共同研究建立的；今天，我要把诸位给予我的赞誉，转赠给我的丈夫皮埃尔·居里先生。"

（二）

从斯德哥尔摩回到巴黎后，玛丽感到身心俱疲，想安静地休息休息。她原本认为，再次获得诺贝尔奖能够让那些法国人主动"闭嘴"，改变对她的偏见。但玛丽错了。"自由"惯了的法国人仍在毫不顾忌地向一位病弱的、高尚的女性泼脏水。

玛丽可能永远不明白，为什么她的真才实学一直都得不到法国人的认可？法国著名生物学家卢克·蒙达尔尼耶说的一句俏皮话可能能说清这个原因：

"我们法国，是个非常讲究平等的国家，枪打出头鸟。我就是

个活靶子，不仅仅因为我在科学领域获得的成功，还因为我在新闻媒介引人注意。"

而玛丽就恰好符合了蒙达尔尼耶所说的两个条件：辉煌的成就和新闻人物。

自从1903年起，玛丽的名声和荣誉就已经让她成为一个新闻人物了，而这一次竞选院士、再次斩获诺贝尔奖，更令她的成就再一次突显出来，并再一次成为公众关注的焦点人物。

所以，一些守旧派和嫉妒玛丽成就的人，便四处散布流言，企图中伤她。这也令本来就病恹恹的玛丽更感到悲愤，加重了她的疾苦。

12月9日这天，玛丽突然晕倒，人事不省，亲友们见状，赶紧将她送到医院。

一位为法国争得无限荣誉的女性，一位世界闻名的女科学家，在身心所承受的巨大压力下，终于倒下了！

经过医生的救治，玛丽才渐渐苏醒过来，她感到自己这一次一定会死去了。

然而在经过一次手术后，玛丽最终还是挺了过来。玛丽她倒下后，惊动了许多善良的人们，他们的安慰和鼓励再一次给了玛丽勇气和力量。就连医院的医生都安慰她说：

"居里夫人，您的身体不仅属于您自己，还属于国家，甚至全世界。您不必理睬那些无聊的中伤。这个医院里的医生、护士和职工都是您的朋友，都支持您，您就尽管安心地养病吧。"

在这种亲切、友善的氛围中，加之医护人员的精心护理，玛丽的身体渐渐有了好转。

到1912年1月，她虽然还不能站起来，但已经可以出院回家休养了。她决定搬到新家去住，闭门不出——毕竟精神上的隐痛不是一下

子就能消除的。

就在玛丽的身体逐渐康复时，一封来自波兰的信在她的心中掀起了不小的波澜，令她心潮澎湃。

5月的一天，一位波兰的教授代表来到巴黎，给玛丽带来了波兰伟大的作家显克维奇的一封信。显克维奇是波兰人民的骄傲，于1905年因"他在历史小说写作上的卓越成就"而获得了当年的诺贝尔文学奖。

显克维奇以饱含热情的语言，给从未谋面的玛丽写了这封信：

> 最尊敬的夫人：
>
> 敬请您将您灿烂的科学活动转移到我们的国家和我们的首都来。您一定很清楚近年来使我们的文化与我们的科学濒临没落的原因。我们对于我们的智力丧失了信心，在我们的敌人看来，我们在不断退步，而我们自己也在放弃对于前途的希望。
>
> ……
>
> 我们的人民都十分敬仰您，更希望您能回到您的祖国来工作。这是全国人民的热切愿望。有您在华沙，我们就会觉得力量大了许多，我们因种种不幸而低下去的头也可以高高昂起。
>
> 深切地希望我们的请求能够得到满足，请您不要拒绝我们向您伸出的手。

这封信让玛丽的心情变得复杂起来，她真的很想离开法国，离开那些对她不友好的法国人；而且，那份深藏在心底的爱国热情，也令玛丽心生离意。

可是，这时的玛丽已经45岁了，身体也非常糟糕，如果现在回到波兰，她的身体能够承受在那里重新启动工作和实验时带来的种种压力

吗？而且最关键的一点，就是她和皮埃尔曾经期盼多年的实验室现在终于达成了协议，很快就要破土动工了。如果这个时候离开，那多年的努力争取就全部白费了……还有，玛丽现在也明白，她自己也不仅仅属于波兰了，她应该属于全世界。

　　思虑再三，她决定继续留在巴黎，不回波兰。于是，她非常难过地给显克维奇写了一封回信，请他原谅她不能够回波兰工作。但她表示，她会尽自己最大的努力，指导波兰科学家在华沙建立一个放射性实验室，并派两个得力的助手去华沙管理这个研究室。

　　在玛丽的支持和帮助下，1913年，华沙的放射性实验室落成了。这时，玛丽的身体还没有完全康复，而且实验室的工作也很忙，但她的思乡情绪还是令她决意回华沙参加实验室的落成典礼，这也是波兰科学界空前的盛举。

　　玛丽带着虚弱的身体，从巴黎火车站启程，赶赴波兰——这条路她走了近十次，每次都会感到心潮澎湃。

　　波兰的学术界给予玛丽热烈的欢迎，就如同欢迎一个爱国的英雄一样。华沙的俄署当局也很识趣，他们很清楚，玛丽是国际间著名的科学家，对待她的措施稍有不慎，就会贻笑大方。同时，他们也知道，玛丽纯粹就是个科学家，未必会有激烈的言行。

　　因此，俄国当局便对玛丽和她的活动放宽了管制措施，并且一些官员也来参加欢迎她的盛会。

　　玛丽在一个拥挤的大礼堂中，用波兰语发表了科学演讲，这还是她生平的第一次。

　　接下来，她又参加了许多团体的活动，华沙人都为能够见到"波兰人的骄傲和镭的母亲——居里夫人"而激动万分。

（三）

从波兰返回巴黎后不久，玛丽就又应邀到英国的伯明翰，接受伯明翰大学名誉博士证书，同时又在当地访问了几个科学研究所。

随后，玛丽又匆匆地返回巴黎，因为此时她主持的镭学研究院已经快要落成了。

皮埃尔在世的时候，虽然是个卓越的科学家，可偏偏坎坷不遇，他梦想着索尔本的讲座、可以应付生活的薪水和一个设备完善的实验室，但直到1903年，这些希望还都没有实现。

直到拿到诺贝尔奖金后，他们的生活和工作环境才获得了一些改善，然而巴黎大学给他的实验室，却是两间简陋的、没人用的房子。皮埃尔关于实验室的梦想打了一个大大的折扣。

一直到去世，皮埃尔想要的实验室也没有得到。玛丽继承了丈夫的遗志，仍然在那两间设备简陋的实验室中工作。但是，她那倔强的心里时刻都记得丈夫的梦想。本来他们是可以建造一座伟大的实验室的，但由于他们坚持"科学精神"，拒绝有碍全人类幸福的专利权，才没有用发现镭的专利换取巨额财富，用于自己的实验室。在这一点上，也充分体现了居里夫妇谦虚和淡泊的处事风格。

1909年，巴斯特研究院（巴斯特为法国霉菌学家，对医学研究有极大贡献，该院是为纪念巴斯特而建立的）的院长提出了一个意见：由巴斯特研究院拨出一笔钱，为居里夫人创设一所实验室。这样，玛丽就能离开索尔本，将她光荣的名字列在巴斯特研究院的职员名单上。

院长与玛丽是很好的朋友，所以当他提出这个意见后，玛丽很痛快地就答应了。但是，巴黎大学当局却不同意。他们不允许玛丽离开理学院，无论付出多大代价，都要留下她。

于是，巴斯特研究院与索尔本大学商量，提出来一个折中的办法，那就是由巴斯特研究院与巴黎大学共同出资80万法郎，创设一个镭学研究院。研究院包括两部分，一部分是研究放射性的实验室，与巴黎大学保持密切联系，由玛丽负责；另一部分是研究生物学和镭治病的实验室，与巴斯特研究院保持密切联系，负责人是两位著名学者兼医师。

这个镭学研究院就建造在皮埃尔·居里路，这条路也是为纪念居里先生而命名的。玛丽经常来这里，提出一些可行的建筑意见。她不希望这座研究院建立得过于富丽堂皇，但她需要里面要有现代化的实验设备，让在这里从事研究的人员感到舒适。

玛丽的最终目的，就是要这座建筑具有坚固、朴素、完备等优点，不但她的余生可以在这里度过，等她去世后，有志于放射学的科学家还可以继续利用这座研究院，为全人类的事业做出贡献。

现在，镭学研究院已经要竣工了，玛丽每天都要到那里看看。她想象着自己即将从原来破旧的实验室中拆卸仪器，然后搬到这所即将落成的镭学研究院来。可惜，她的合作伙伴已经不在了。

1914年7月30日，玛丽期盼已久的镭学研究院终于落成了。玛丽久久地站立在研究院的楼前，追念她的亡夫，并且记起了巴斯特所说过的话：

"如果是有益于人类征服感动了你的心，如果是电报术、银版照相术、麻醉术以及其他许多宝贵发现的惊人效用引起你的惊佩，如果你希望你的国家能够分沾这样奇迹的恩惠，我恳求你注意这个有着深意名字的神圣房舍——实验室。你得要求人们增加实验室，要求人们装饰实验室，它们是前途、财富及安适三者的庙宇。人类在里面加强、长大，并且进步，人类在里面学着读自然的作品……"

居里夫人不仅刻苦自学，在乡下做家庭教师时，还不辞辛苦地免费给那里的农村孩子讲授科学知识，而这样做是随时都有可能被密探们发现，被沙俄监察员抓走的。可她的心中只有一个念头：为被压迫的祖国服务，为祖国的解放而学习。正像她给自己一位童年时代的朋友的信中所说："我用尽了力量来应付这一切，再接再厉……我有一个最高原则：不管是对人或者对事，都决不屈服！……"

第十八章　为科学界服务

我只惋惜一件事，日子太短，过得太快。一个人从来看不出做成了什么，只能看出还能够做什么……

——居里夫人

（一）

镭学研究院在玛丽的期盼之下终于落成了，几年来梦寐以求的实验室现在终于成为现实。

然而，玛丽马上又迎来了一个不幸的时期。1914年7月，第一次世界大战爆发了。

一开始，巴黎人还天真地揣度着法国不会卷入战争，然而在8月3日，德国在对俄宣战之后，便开始对法宣战，从而使法国也卷入战争的旋涡之中。

8月底，法军抵抗不住凶恶的德军，节节败退。德军的第一军进攻速度极快，想从西北角直捣法国首都巴黎。同时，法军又退出了马恩河防线，德军的前锋直逼巴黎。整个巴黎都在忙于撤退。

玛丽这时觉得很为难，是继续留在巴黎，还是与政府一起撤退呢？

这位勇敢的妇人，在战争的恐慌中立刻作出了决定：留在巴黎。她想到了她的实验室，想到她的镭学研究院以及里面刚刚配备齐全的精致的仪器，那里全部都是她和丈夫半生勤劳的结晶。而那个刚刚才建成的镭学研究院，更是她多年的梦想，好不容易才实现。如果有她——居里夫人在这里，德军或许还会尊重它们；如果她离开了，什么都会被破坏掉的。

轰炸在不断进行着，种种可怕的消息也威胁着巴黎。这个世界著名的花都，如今阴森森的几乎有些鬼气。新落成的镭学研究院里也没人了，研究者和助手要么奔赴战场了，要么都转移了，连照料的人都没有。

玛丽依然保持着镇静，有时还到这空阔寂静的研究院里走走。她只希望这个理想中的实验室不要受到残酷战争的破坏。

然而，巴黎最终还是待不下去了，连实验室都不得不关闭。无奈之下，玛丽只好把实验室的门锁好，带着她那1克宝贵的镭，搭乘火车前往法国和西班牙的边境。在战争爆发前，正值学校的暑假，所以伊琳娜和艾芙都到法国南部的地方去度假了。由于战争的爆发，玛丽便没有让她们回来，母女之间只能通过通信取得联系。

抵达目的地后，玛丽将那1克珍贵的镭寄存到银行的保险箱内，随即又跟着开往前线的军队回到了巴黎。

这时她为什么还要回到巴黎？难道还为了她的实验室吗？

不完全是。玛丽此行是想回去利用X光透视子弹和碎片，为伤兵疗伤。因为此时前线的军队医院和战地医疗队非常缺乏X光机，这样会严重影响外科手术的准确性，拖延对伤员及时进行外科手术的时间，而这种延误会大量增加军人的死亡率。

回到巴黎后，玛丽立即决定由她出面组织一个车队，车上将装备X光机和受过训练的技术人员，由他们赴战场及时为伤员进行透视检

查，以保证外科医生及时而准确的手术。

11月1日，即开战后的第三个月，玛丽组织的20辆装备X光机的透视车终于驶向了战场。这时，战场上已经有30多万人丧生了，还有30多万人急待有效的治疗。

由于操纵X光机的技术人员短缺，玛丽又在巴黎举办了一个短期的操作训练班，只需几天工夫就可以让一个连见都没见过X光机的人熟练地操纵它。她还以极其感人的语言，动员许多医院来帮助她装备更多的透视车。据统计，后来有200多辆这种透视车在战场上日夜奔忙，为抢救伤员做出了巨大的贡献。

1918年11月11日上午，德国人终于因不敌协约国的军事力量，被迫在巴黎东北部的贡比涅森林中签订了投降条约。一场历时4年零3个月，参战国多达33个国家，15亿人被卷入的战争，终于在付出了死伤3000万人的代价后结束了。始终盼望着和平到来的欧洲各国人民，不分敌我地同声庆贺。

对玛丽来说，停战给她带来了两个好消息：一，法国获胜了；二，她的祖国波兰独立了。

（二）

战争虽然结束了，但由战争而带来的种种巨创却不是马上就能恢复过来的。实验室以及家庭的困难，让玛丽十分着急。

在战争期间，玛丽在征得伊琳娜的同意后，将她所有的财产都买了国债，只有两个金质的诺贝尔奖章因为是重要纪念品，银行坚持不收，才得以保留下来。现在，由于战后经济崩溃，国债早就贬得一文不值了。战争让她彻底破了产，以后，她和两个女儿就要靠她的年薪生活了，但战争又损害了她的健康，她那每况愈下的身体状况还能坚持几年呢？

实验室的情况也让玛丽很担心。原来到前线作战的人员和学生陆续返回巴黎，但十分之一的科研人员都死去了，而这些经历九死一生返回来的人，对于是否进入科研部门还十分犹豫。面对物价飞涨、工资入不敷出的情况，工业界的情况相比之下要好一些，所以大量的科研人才也都纷纷涌入工业界，科学界面临着凋谢零落的现状。

面对这样的窘境，玛丽只能安慰自己：不能着急，一切都要慢慢恢复。不过，玛丽也没有浪费这段时间，她应人之邀，写了一本《放射学与战争》的著作。

在这本著作当中，玛丽虽然痛恨战争给人类带来的巨大灾难，但她仍然高瞻远瞩地颂扬了科学为社会发展带来的好处及对人类的价值。正如她的二女儿艾芙后来所说的那样：

"她从惨痛的经历当中得出了一些更加热爱科学的新论据。"

在战争中的英勇表现，令居里夫人的盛名传遍了欧洲，就连地球另一端的美国也对她充满了敬仰。

1920年的春天，一位名叫麦罗娜的美国记者穿过大西洋，漫游战后的欧洲，在巴黎的镭学研究院里会见了居里夫人。

麦罗娜十分敬佩玛丽的工作，她原想利用几分钟时间和玛丽进行一次晤谈，然后在自己所办的刊物上发表一篇特写稿子。

她如愿了，在玛丽的实验室中，她与这个勇敢、坚韧、谦虚的50多岁的妇人见面并谈话。她们谈到她的工作、她的发现以及她的骄傲——镭。

玛丽很高兴地说，美国得天独厚，像镭这种宝贵的元素，其他国家找到1克已经很不容易了，而美国竟然找到了54克。她还津津乐道地说出每点零星的镭所在的地方，如7克在纽约、4克在波的摩尔……

麦罗娜热情地邀请玛丽到美国一游，让新大陆的女性也认识一下这位大科学家的风采。玛丽此时已经54岁了，长久的工作折磨着她，身体状况也不乐观，实在没有精力应付这一次遥远的旅行。

不过，麦罗娜在回到美国后，便向全美国知识界呼吁，募集"玛丽·居里镭基金"，并很快就募集到10万美元的款项，足够买1克镭赠送给玛丽，而且决定由美国总统在白宫亲自颁赠。

接到这个消息后，玛丽考虑再三，决定为答谢美国各界的热忱，带着衰弱的身体千里迢迢赶赴美国。

1921年5月初，玛丽和两个女儿搭上了前往美国的奥林匹克号，自马赛港出发了。

几天之后，轮船到达了纽约港，此时的港口已经被围得水泄不通，其中有新闻记者、摄影记者、女学生团体、妇女代表等等，大家都热烈地挥动着红白两色的玫瑰花。此外，美国、法国和波兰三国的国旗也宛若海浪一般，在空中飘摇。

5月13日，经过稍许休息的玛丽便开始参加各种仪式。

在纽约女子大学主办的欢迎会上，学校代表轮流向玛丽献上美丽的鲜花或纪念品等，并授予她"纽约荣誉市民"的钥匙。

与会者既有各大学的著名教授，也有法国及波兰的大使；最令玛丽感动的，是波兰第一任总统也前来参加盛会。

这位总统就是当年在巴黎举行音乐会时的一位无名音乐家，玛丽曾与姐夫一起去捧过场。

5月20日下午4点，美国总统哈定在白宫举行颁赠仪式，将1克镭郑重地赠送给玛丽。事实上，镭当时还存放在工厂的保险箱内，颁赠仪

式中的铅盒内只是镭的模型而已。

在赠送典礼结束后，哈定总统以"献身于艰苦工作的女性"来形容玛丽，并将一串挂有钥匙的金项链戴在她的脖子上。这枚钥匙，就是打开装有镭的保险箱的钥匙。

各大报纸上都纷纷报道了这件事。

然而，就在颁赠仪式的第二天，一件令人更加震惊的事情发生了：玛丽婉拒了哈定总统所颁赠的镭，而是把这克镭转赠给研究所。

她说：

"我要把我的一切都献给大众。"

听了这句话，每个人都对玛丽的伟大行为和奉献精神佩服得五体投地。

此后，在行程之中，玛丽到处都受到疯狂、热烈的欢迎，她从早到晚都要与欢迎的人频频握手，后来手都痛得举不起来了。这让玛丽本来就虚弱的身体更加不支。由于过度疲劳，她只好谢绝了西部的欢迎会。

6月28日，玛丽与伊琳娜和艾芙再度登上奥林匹克号返回法国，前来送行的人围满了码头，惜别的花束和电报堆满了船舱。

（三）

由于对科学的巨大贡献，玛丽在世界各国的名誉和声望也不断提高。1922年，玛丽接受了国际联盟理事会授予她的一个职位，这是一个在第一次世界大战后致力于维护和平的国际性组织。

此外，玛丽还是国际文化合作委员会的委员，并于1930年在西班牙首都马德里的国家文化合作委员会上被选为主席。玛丽希望能够通过自己所做的工作，更好地为整个人类服务。

　　在担任国际文化合作委员会的职务之后，玛丽又开始为推动全世界科学工作的发展而努力。她发现，当时全世界的科学工作都处于一种"无政府状态"中，彼此之间缺乏交流，学术中的许多规则也都混乱而不统一。玛丽决心改变这种状态。

　　在她的努力下，科学界进行了一系列的改革，比如：统一了科学符号和术语，统一了科学出版物的开本，统一了各个杂志的著作摘要，拟定各种常数表等等。

　　同时，为了科学工作者可以更加方便地搜集各种研究资料，相关机构开始整理各种书目。这样，如果工作人员在研究工作中遇到难题，很快就可以从新的书目中查找到相关的资料，比以前方便多了。

　　玛丽还时刻地关注着人类的生存状况，关注着人类的每一项进步和发展。1933年，玛丽放下自己手头的工作，前往马德里参加一个由法国象征派诗人以及哲学家举办的关于文化前途的会议。

　　在会上，许多艺术家都认为，当前的文化已经陷入一种世界性的危机。有人甚至公开指出，科学的发展对文化危机的产生负有不可推卸的责任。

　　玛丽对这一观点发表了自己的看法：

　　"我认为，科学属于追求完美的人们。一个在实验中专心致志搞科研的学者，不仅仅是一个技术员，还是一个很好奇的孩子，他也是一个文学家，眼前的自然现象就像是为他演绎的神话一般，这是一幅多么美妙的画面啊！我们不应该简单地将科学看成是一种机械结构、机器或者齿轮装置，这是不切实际的……我不相信世界上冒险精神已经到了将近消失的边缘，在这个世界上，如果丧失了冒险精神和好奇心，人类的发展、文化的繁荣和科学的振兴将无从谈起。"

　　玛丽的这些独到的见解和谦虚的态度，赢得了与会者的一致赞同。

　　玛丽深深地记得自己当年求学和搞科研的那些艰难岁月，因此不希望再有人因贫困而失去自己美好的前程。她利用个人的名誉和声望，努力进行筹集和募捐活动，以帮助一些国际性的组织设立国际科学助学金，共同帮助那些处境艰难但很有前途的科学工作者。

　　同时，玛丽对自己的故乡波兰更是充满了热爱之情。晚年时期，她计划在华沙也创设一个镭学研究院，作为祖国的科研中心和癌肿治疗中心。但由于缺乏资金和人才，也因为缺少镭，这一想法未能实现。

　　幸运的是，远在大洋彼岸的麦罗娜在获悉玛丽的困难后，再一次义无反顾地投入到募捐活动中。很快，她就又募集齐了为玛丽买1克镭的款项。

　　于是，玛丽再一次远赴美国，接受了这一友好国度的第二次颁赠。这个时候，美国正在受经济不景气的影响。但在空前的危机中，对玛丽的欢迎和招待仍然很热烈，美国总统胡佛在白宫中隆重地款待了这位贵宾。

　　与此同时，一场轰轰烈烈的募捐活动在波兰也开展起来，而且活动还获得了波兰政府、华沙市和波兰各个重要学会的支持。

　　在一个晴朗的清晨，波兰总统为镭学研究所砌了第一块砖，玛丽砌了第二块，华沙市长砌了第三块。这标志着华沙镭学研究院的建设开始了！

　　1932年5月29日，这是一个让波兰人和波兰科学界都铭记的日子，华沙镭学研究院终于落成了！玛丽特意从法国赶赴波兰，主持了华沙镭学研究院的揭幕典礼。

　　这是玛丽最后一次看见波兰，看见她出生的城市和街道，看见她故乡的维斯杜拉河。她在给艾芙写的信中，一再描写她的极度热烈地依恋的这条河、这片土地和这些岩石。

　　晚年的大量外交活动占去了玛丽很多科研的时间，但她并没有因此而放弃研究工作。从1920年到1934年的14年间，玛丽还发表了27篇论文，占她所有发表论文总数的39%。同时，她的5部专著，也都是在1920年以后写成的，并有2本传记问世。

第十九章 走完生命的最后历程

我们必须相信，我们对每一件事都具有天赋的才能，并且，无论付出何种代价，都要把这件事完成。

——居里夫人

（一）

玛丽每次从国外回来，总有一个女儿站在车站的月台上迎候她，等待母亲在特等车厢的一扇窗户前露面。

这位学者的样子，一直到去世都是一个匆忙的贫穷妇人的形象，她谨慎地提着一个很大的棕色手提包，这是多年前一个波兰妇女联合会赠送给她的，包里面塞满了纸张、文件、报告和眼镜盒子。玛丽的一只手臂还要抱着一把萎谢了的花，这通常是一些路人赠给她的，虽然给她添了不少麻烦，可她从不肯扔掉。

回到家里，当玛丽看邮件时，艾芙就跪在几个敞开的小皮箱前面，替母亲收拾带回来的行李。

每天晚上，玛丽都会坐在地板上，周围散放着纸张、计算尺、小册子、实验报告等。她从来不按照通常"思想家"的习惯，坐在写字台前的圆椅里工作；她喜欢没有限制的地方，这样才够摆开她的文件和

大量的曲线图纸。

　　每当一个合作者的论文通过了，或是得了文凭，或是被认为有领受某种奖金的资格，玛丽都会为这个人举行一次"实验室茶会"。夏天时，这种聚会就在室外的花园中举行。

　　如果某个试验没有得到她希望的结果，玛丽就会呆呆地坐在椅子上，两臂交叉，驼着背，眼神空虚，她的样子突然像一个很老的农妇，因为遭到了巨大的悲哀而沉默忧伤。那些合作者看到她这样，就担心她会出现什么事故，都会关心地询问她出了什么事。玛丽总是会凄然说出一句总括一切的话：

　　"这次实验没有能让锕X沉淀。"

　　玛丽还经常和孩子们谈到自己的死，表面上她很镇定地谈论着这一不可避免的事，并且预计到实际的影响，但她的内心其实并不真正地平静，她不甘心这样，因为她有太多的问题没有解开。她常常会冷静地说这样一类的话：

　　"我的余年显然已经不多了。"

　　"在我去世后，镭学研究院的命运如何？这让我感到不安。"

　　……

　　好在女儿伊琳娜继承了她的事业。

　　在皮埃尔不幸去世时，伊琳娜只有9岁，只是略知一点人事。后来，母亲用低抑的声音告诉她，父亲已经永远地离开了我们，伊琳娜才明白，并且哭得很厉害。

　　可是，伊琳娜是一个像母亲一样倔强的小女孩，在哭完后，她就忍着悲伤找小伙伴一起玩了——她想快点儿忘掉这个痛苦。

　　渐渐大一点后，伊琳娜便对科学产生了兴趣，并且显露出很高的数学天赋。玛丽看到伊琳娜的情形像自己小时候一样，十分高兴，并渐

渐给予她一些机会，指导她从事科学研究工作。

第一次世界大战结束后，玛丽和两个女儿的生活也逐渐恢复正常，伊琳娜也到索尔本理学院求学。她镇静而坚定，立志成为一名物理学家，而且她的兴趣也在研究镭的方面。虽然她的母亲是一位世界著名的科学家，有着辉煌的成就和光荣的名誉，伊琳娜能否超过母亲还是个未知数，但伊琳娜并不在乎这些，她显然受到了父母的遗传和环境的影响，热烈地爱好科研工作，此外别无他求。

1918年，伊琳娜被任命为玛丽实验室的委任助手，从此便成为母亲玛丽最忠实的伙伴和最得力的助手。

伊琳娜不但遗传了玛丽的科学天赋和爱好，还遗传了她不关心和不爱修饰的习惯，但是，她却认识了一位英俊活泼的青年，那就是弗雷德里克·约里奥。

约里奥是1924年由朗之万介绍到玛丽的实验室担任助手的。两年后，这位玛丽最得意的门生、镭学研究院最聪明最能干的工作者，与志同道合的伊琳娜结为夫妇。

婚后，约里奥·居里夫妇在玛丽的直接指导下，迅速成长，很快便成为新一代的优秀科学家。后来玛丽体弱多病时，女儿和女婿的聪明才干常常让她感到很欣慰，她相信他们一定可以有所成就，甚至可以像她一样，摘取诺贝尔奖。

约里奥·居里夫妇没有辜负玛丽的期望，1935年，他们因为发现人工放射性元素而获得诺贝尔化学奖。

（二）

在任何时候，玛丽都不曾放弃科学研究的这种精神，深深地激励着

研究所的每一位成员，也成为她领导下的实验室的精神财富。一位在研究所工作的女研究员曾经描述了玛丽最后一年的工作情景：

"要想分离某种放射性元素，光靠白天的工作时间是不够的。居里夫人常常忙得连晚饭都顾不上吃，留在实验室里继续工作。有一次，我们分离一种元素需要很长的时间，因此我们都通宵达旦地工作……

"已经是凌晨2点钟了，但一道分离液体的程序还没有完成，居里夫人守在实验设备前，整个灵魂都融入到工作当中了……"

任何力量，除了死亡，都无法将玛丽与实验室分开。这个时期，严重的白内障已经影响到她的工作了，她一想到将会因为失明而无法再进入伴随她几十年的实验室时，就感到恐惧和绝望。

早在1920年的时候，医生就发现玛丽的眼睛有了患白内障的迹象。如果再过度使用眼睛，她就有失明的危险。

但是，玛丽却不想让外界知道她的这种境况。她去配眼镜和到医院里治疗时，都是使用加勒尔夫人的化名。

1923年，玛丽接受了医生的建议，接受了眼科手术；后来又于1924年和1930年先后接受了三次手术，这样才总算让她避免了完全失明的悲剧。

但即便如此，玛丽的视力衰弱情况依然日趋严重，后来她经常因为视力模糊而摔倒或打破东西。在很多时候，伊琳娜都尽可能地暗暗帮助她，使母亲仍然能够像一个视力正常的人一样动作自如。可怜和倔强的居里夫人，她是在向自己的命运做最后的挑战，她绝不甘心自己成为一个不能再做实验的无用的瞎子。

为了让自己能够继续实验，玛丽还发明了一种"盲人技术"，以应付她那些精细的工作。她用强度的显微镜和鲜艳的颜色在仪器上进行分度，再用极大的字写出讲课时的参考笔记。有时，她还要利用盘问

对方的方法来巧妙地代替她必须进行的观察……

倔强的玛丽由于长期忘我的工作以及受到镭射线的辐射，身体日渐糟糕。在早年研究放射性元素时，她和皮埃尔开始时并不清楚镭辐射对人体的危害，因而经年累月地受到辐射的伤害，但对保护自己的措施，玛丽却总是漫不经心。她经常严格要求学生们用铅服保护好自己，而她本人却总是违反规定操作。

1933年底，玛丽再一次病倒了。这时，她已经是一位66岁的老人，却每天都在实验室中奔波忙碌。

由X光检查的结果得知，玛丽患上了严重的胆囊结石。她的父亲就是因为这个病开刀去世的，玛丽害怕自己会走父亲的那条路，因此拒绝开刀，想通过调养减轻病痛。

从这一次起，玛丽的境况就时好时坏。感到身体状况较好时，她就到实验室工作；如果身体疲乏，不能出门，她就留在家里，写她的那本最后的著作。

1934年，姐姐布罗尼娅来到巴黎，与玛丽一起住，以便能更好地照顾她。玛丽想和姐姐一起在附近看看各处的美丽风景，但走过几段路她就着凉了，觉得疲乏至极。玛丽冷得发抖，忽然感到失望，倒在布罗尼娅的怀里，像个有病的孩子一样抽泣起来。她担心她的著作，恐怕没力气再把它写完了。布罗尼娅温柔地抚慰着她。

到了第二天，玛丽就抑制住这种精神上的沮丧，并且从此再没有这种情形发生。

后来，天气渐渐变暖了，玛丽感到很舒服，身体也觉得好了一些。一个医生说她患了流行性感冒，并且与过去40年所有的医生说的一样：工作过度。但玛丽并不太注意自己，虽然一直发低烧，但是只要身体允许，她就到实验室中继续工作。

布罗尼娅见玛丽状态比较好，便准备回波兰去。姐妹俩在开往华沙的火车前面，在那常到的月台上，最后一次互相拥抱。

（三）

病魔仍旧在悄悄地进行着它们的活动，让玛丽的身体又出现了不适：发烧、头晕、恶心、颤抖、无法站立……而玛丽却还想着用以前对付疾病的方法，忽视它们。但这一次不行了。

艾芙也看出母亲的病与以前大不相同，因此坚持让母亲找医生来检查。

当医生看到毫无血色的居里夫人后，立即坚决地说：

"您必须马上躺下休息！"

玛丽这一次也预感到自己的身体似乎真的垮了，她顺从地让医生为她做各项检查，给她服药。以前，她对这些医生可不是太欢迎。

女儿和女婿觉得城里的环境也许不适合母亲养病，而且她还总是放不下实验室的工作，因此建议送母亲到空气清新的乡下疗养院去，玛丽也爽快地答应了。从身体内部传递出来的消息使她知道，她的病这一次来者不善。

到疗养院后，医生又为玛丽详细地检查了身体：她的胆囊里有结石，她的肺十分衰弱，她的白细胞数目减少得很快……

玛丽的体温总是在40度左右，医生们一时都弄不清她为何高烧不退。直到最后从日内瓦请来的一位医生才下了结论：这是爆发性恶性贫血，是一种无法控制和治疗的绝症。

这时，大家才逐渐找到伤害这位伟大科学家身体的真正凶手——镭。

7月3日早晨，玛丽最后一次用颤动的手拿温度表，看出表上的度数

163

降低了，她很高兴。事实上，体温降低是人临终前都有的现象，这也是人将死前的回光返照，但没有人敢告诉玛丽。

艾芙笑着告诉母亲，这是痊愈的迹象，她现在一定快要复原了。玛丽望着敞开的窗户，怀着动人的求生欲望，怀着希望，对着太阳和岿然不动的群山说：

"治好我的不是药，而是清新的空气和这地方的高度。"

过了一会儿，玛丽看了一眼病床前的茶杯，想用茶匙搅动一下。忽然，她好像梦幻般地低声说：

"用镭，还是用钍制作呢……"

接着，便是一些吐字不清的低语。艾芙赶紧找来医生，医生准备给她注射，可玛丽忽然对医生发出一个表示疲倦的微弱喊声：

"我不要……我希望别打搅我……"

临终的时刻，玛丽显示出了一个只在表面上软弱者的力量和可怕的抵抗，显示了渐渐冷却的强壮的心，它仍在跳动，不疲倦，不让步。

7月4日黎明，阳光将群山染成了玫瑰色，并开始在极其明净的天空运行；灿烂的晨光充满了整间屋子，也照在床上瘦削的脸颊和毫无表情的灰色面孔上。死亡已经使玛丽的眼睛定住，她的心脏终于停止了跳动。

医生在死亡报告上写道：

> 居里夫人于1934年7月4日在桑斯罗姆去世。她的病症是一种发展很快的再生性障碍恶性贫血，骨髓已不再起反应，很可能是由于长期受到辐射而引起的病变。

玛丽病逝的消息由安静的疗养院传了出去，很快就传播到世界各地，在几个地方更是引起了极度的悲痛：在华沙有希拉；在柏林的一辆赶往法国的火车里,有约瑟夫和布罗尼娅;在蒙彼利埃有亚克·居里;在伦敦有麦罗娜;在巴黎有一群忠诚的朋友……

一些青年学者在镭学研究院里死气沉沉的仪器前面哭泣。乔治·弗尼埃是玛丽最器重的学生之一,他后来写道:

"我们失去了一切。"

7月6日下午,在亲人和好友的陪伴下,玛丽·居里的遗体被葬在皮埃尔·居里先生的墓地里。约瑟夫和希拉从波兰带来了一把祖国的黄土,轻轻地撒在她的棺木上——她永远都不会忘记,自己是一名波兰女子。

一年之后,玛丽去世前所写成的一本著作出版,这是她给年轻的"物理学爱好者"的最后的启示。

镭学研究院也已经恢复了工作,在那个明亮的图书馆里许多科学作品当中,又增加了一本巨著,灰色的封面上印着的著作者的名字是:

"皮埃尔·居里夫人,索尔本教授。诺贝尔物理学奖。诺贝尔化学奖。"

书名则只是一个庄严灿烂的名词:《放射学》。

居里夫人大事年表

1867年11月7日　生于波兰首都华沙。父亲是中学物理老师，母亲为女子寄宿学校校长。

1873年　进入私立寄宿学校读书。

1876年　大姐索菲娅因病去世。

1878年　母亲因长期患肺痨去世。

1881年　进入俄国人控制下的公立中学就读。

1883年　以优异成绩从中学毕业，并获得金质奖章。

1884年　从乡下返回华沙，做家教，并参加了波兰爱国青年知识分子组织的"活动大学"，边学习边参加爱国活动。

1886年　只身前往农村担任家庭教师，供姐姐布罗尼娅在巴黎留学，至1889年6月。

1890年　回到华沙，第一次进入实验室，在表哥主持的"工农业博物馆"中搞物理和化学实验。

1891年　赴巴黎求学，进入巴黎大学理学院物理系。

1893年　以第一名的优异成绩通过物理学学士学位考试，并获得奖学金，在巴黎大学继续攻读数学学士学位。

1894年　接受法国工业发展委员会关于钢铁磁性的研究课题。与皮埃尔·居里结识。以优异成绩通过数学学士学位考试。

1895年　与皮埃尔·居里结婚。

1896年　通过中学教师资格考试，获物理考试第一名，进物理和化学学校实验室工作。

1897年 发表第一篇论文《淬火钢的磁化特性》。9月12日，大女儿伊琳娜诞生。

1898年 选择铀射线作为博士论文选题。同时，发现钍也能放射出射线，命名为"放射性"。7月宣布发现一个新放射性元素，其放射性比铀强多倍，被命名为"钋"，以纪念自己的祖国波兰。12月，夫妇二人又发现一个新元素，其放射性比铀更强，命名为镭。

1899年 寻找铀沥青矿渣，作为提炼镭之用。

1900年 皮埃尔受聘为巴黎高等综合工艺学校助教，玛丽被聘为塞福尔女子高等师范学校物理教师。

1902年 夫妇二人终于提炼出一分克氯化镭，并第一次测定镭的原子量为225。父亲病逝。

1903年 博士论文《放射性物质的研究》获得通过，取得博士学位。12月，夫妇二人与贝克勒尔共享1903年度的诺贝尔物理学奖。玛丽成为第一位荣获诺贝尔奖的女性。

1904年 任巴黎大学理学院物理实验室主任。12月，二女儿艾芙出生。

1905年 前往瑞典斯德哥尔摩领取因病未能及时前去领取的诺贝尔奖。7月，皮埃尔当选为法国科学院院士。

1906年 丈夫皮埃尔遇车祸身亡，终年47岁。5月，到巴黎大学接替丈夫的工作。

1907年 提炼出纯净氯化镭，并测定出镭的准确原子量，发表论文《论镭的原子量》。

1908年 晋升为教授。

1910年 提炼出纯净镭元素。《论放射性》两卷本专著问世。

1911年 竞选法国科学院院士，落选。获1911年度诺贝尔化学奖，成为第一位两次获诺贝尔奖的人。

1913年　华沙实验室建立，亲自前往波兰首都揭幕。

1914年　巴黎镭学研究所大楼落成。7月，第一次世界大战爆发。

1914年—1918年　往返于法国各大战区，指导战地医疗服务队用X光配合战地救护。

1918年　战争结束。波兰独立，成立波兰共和国。

1919年　巴黎镭学研究所恢复运作。

1920年　居里基金会成立。

1921年　《放射学和战争》一书面世。5月，携两个女儿出访美国，接受捐赠的1克镭。

1922年　当选为巴黎医学科学院院士。5月，出任联合国国际文化合作委员会委员。

1923年　做白内障手术。撰写《皮埃尔·居里传》（1924年出版）。

1924年　接受朗之万介绍的学生约里奥为助手。

1925年　回华沙为波兰镭学研究所奠基。

1927年　出席第五届索尔本会议。

1929年　第二次访美，代表华沙镭学研究所接受美国赠给波兰的1克镭，由胡佛总统主持赠送仪式。

1931年　前往华沙主持波兰镭学研究所的开幕典礼。

1933年　在西班牙马德里举行的国际文化合作委员会会议上被选为主席。

1934年　因病入住疗养院。7月4日，因白血病辞世。